한국세무사회
한국공인회계사회
공통대비

국가직무능력표준
National Competency Standards
일반기업회계기준 적용

2024 최신판! 회계원리 입문편

정호주 저

파스칼미디어
www.pascal21.co.kr

【 저자 소개 】

정호주　－ 단국대학교 경영대학원 회계학과 4학기 수료
　　　　－ 성결대학교 주최 전국정보과학경시대회(전산회계부문) 출제위원 역임
　　　　－ 대한상공회의소 하계직무연수 초빙강사 역임
　　　　－ 전산회계운용사 대비 회계원리 입문편, 3급, 2급 필기 및 실기(sPLUS) 수험서
　　　　－ 전산회계운용사 대비 원가회계 2급 필기 수험서
　　　　－ 한국세무사회, 한국공인회계사회 공통 대비 회계원리 입문편
　　　　－ 한국세무사회 대비 전산회계 1급, 2급 이론 및 실기 수험서
　　　　－ (과정평가형 대비) 한권으로 끝내는 전산회계운용사 필기2급(통합본)
　　　　－ 2015 개정 교육과정 인정교과서 ‘회계원리’
　　　　－ 2015 개정 교육과정 인정교과서 ‘회계정보처리시스템’ (sPLUS)

2024 한국세무사회
한국공인회계사회 |공|통|대|비|

회계원리 입문편

- **발행일** 2023년 8월 1일 28판 1쇄 발행
- **지은이** 정호주
- **펴낸이** 고봉식
- **펴낸곳** 파스칼미디어
- **등록번호** 제301-2012-102호
- **홈페이지** www.pascal21.co.kr
- **편집·디자인** 전정희
- **주소** 서울특별시 중구 마른내로4길 28
- **전화** 02-2266-0613
- **팩스** 02-332-8598
- **ISBN** 979-11-6103-097-5
- **내용문의** 010-3820-4237

“God bless you”

2024 改正 增補版 을 내면서 ......

1997년에 본 서가 출판된 후 올해로 28판을 출간하게 되었다. 그 동안 여러 교육기관의 선생님들과 독자 여러분의 성원에 깊은 감사를 드린다.

이번 2024 개정 증보판은 국가직무능력표준(NCS National Competency Standards : 산업 현장에서 직무를 수행하는 데 필요한 지식·기술·소양을 국가가 산업 부문별, 수준별로 체계화한 것)에 따른 학습모듈을 표시하여 학습한 내용을 자가진단할 수 있도록 하였으며, 직업기초능력평가 문제를 NCS기반 채용 시험에 대비하기 위하여 입문편 수준에 맞도록 난이도를 고려하여 수록하였다. 또한, 각 단원의 기출확인문제는 가장 최근에 출제된 문제로 대폭 교체하였으며, [부록]의 분개 150선 문제와 한국세무사회 대비와 한국공인회계사회 대비 문제를 최신 출제흐름에 맞도록 개정을 하였다.

사람이 살아가기 위해서는 음식과 옷, 집과 같은 것이 필요한데 이를 물질 혹은 재산이라고 하며, 자원(resources)이라고도 부른다. 이와 같은 재산은 일반적으로 화폐, 즉 돈으로 표시하고 있다. 우리 사회는 여러 부문에서 돈에 대한 계산을 한다. "돈 계산은 왜 하고 살아가는 것일까?" 예를 들어, 만약 여러분이 학교를 졸업한 후 동창모임의 총무를 맡아 동창생들로부터 회비를 받아서 동창 모임에 식사대금도 지출하고 모교에 장학금도 전달했다고 하자. 그런데 이러한 동창모임에 대한 수입과 지출을 기록하지 않아 정기적인 동창모임 때 돈에 대한 보고를 하지 않으면 어떻게 될까? 총무로서의 책임은 동창모임에 대한 돈의 흐름을 정확하게 계산하여 보고하는 것이다. 이처럼 자기에게 맡겨진 돈의 흐름에 대한 계산을 명확히 해서 알려주는 책임을 수탁 책임(stewardship)이라고 하며 이 수탁 책임을 성실히 수행하기 위해서 회계 기록이 필요한 것이다.

일반적으로 돈의 흐름에 대한 계산을 정확히 하기 위해서는 먼저 돈의 흐름에 대한 기록을 해야 한다. 돈의 흐름이 간단한 것일 경우에는 기록을 하지 않고 머리로 기억을 해서 계산할 수 있지만, 돈의 흐름이 많아지면 머리로 기억하기가 쉽지 않고 정확하지도 않아 장부에 기록을 해두어야 한다. 이처럼 재산의 변동을 돈의 흐름으로 측정하여 이를 기록하고 보고하는 시스템을 회계(accounting)라고 한다.

아무쪼록 회계 원리 과목을 처음 대하는 수험생들께서 본 서를 통하여 회계 원리 과목에 자신감이 생기고, 처음 품었던 그 소망이 꼭 이루어질 것을 확신한다.

양화진 언덕에서 한강을 바라보며

저자 정호주 씀

C·O·N·T·E·N·T·S...... 차 례

준비하는 자에게 길은 열린다...

인간은 누구나 성공하고 행복하기를 원한다. 그러나 소수만이 성공하고 만족하는 이유는 모든 사람들이 불가능한 일을 계획하고 실천하지 못할 때 성공한 이들은 가능한 작은 일들을 계획하고 그것을 실천에 옮기기 때문이다.

자격증 과목 안내

전산회계·AT자격시험, 전산회계운용사

회계란? 기업을 경영함에 있어서 재화의 변동사항을 기록계산 정리하여 그 정보를 여러 이해관계자들에게 제공하고, 장래의 경영방침을 세우는 역할을 하는 것으로 대부분의 기업체는 과거 수기식 장부작성을 탈피하고, 회계처리 업무를 전산화 함에 따라 전산회계 프로그램을 이용하여 기업체 등의 기초적인 기장 업무 및 자금 관리, 세무 등 회계처리업무를 담당하는 전문인력을 요구하고 있다. 그러므로 정부에서는 2000년 3월부터 전산회계운용사라는 명칭으로 국가기술자격검정으로 실시해 오고 있으며, 2002년부터는 국가공인민간자격시험으로 한국세무사회의 전산세무회계 자격시험과 2016년부터는 한국공인회계사회의 FAT, TAT자격시험을 실시하고 있다.

ERP 정보관리사

ERP는 Enterprise Resource Planning의 약자로서 '전사적 자원관리'라고한다. 과거의 기업정보시스템은 회계·구매·생산·판매시스템 등으로 그 기능이 각각 분산되어 있어 각각의 정보가 다른 부문에 동시에 연결이 되어 있지 않아 데이터의 이동에 시간과 노력이 많이 소요되어 불편과 낭비가 초래되었다. 이러한 문제를 해결하기 위하여 기업내에 분산된 모든 시스템을 효율적으로 통합, 관리해 줄 수 있는 부서간 통합시스템을 ERP라고 하는 것이다.

ERP정보관리사는 현재 한국생산성본부에서 국가공인민간자격시험으로 시행되고 있으며, 기업 경영에 있어 투명성을 갖추는 데에 탁월한 효과를 발휘하고 있어 각 기업들이 ERP를 도입하였으므로 장차 이에 따른 많은 수요가 발생할 것으로 예상되는 자격시험이다.

워드프로세서

컴퓨터 보급이 급격히 확대됨에 따라 컴퓨터를 조작해야 할 오퍼레이터의 수요도 크게 증가하기에 이르렀고, 일반적으로 컴퓨터 이용자의 60%가 워드프로세서를 사용하기 위한 것이라는 통계가 말해 주듯이, 오늘날 워드프로세서 조작 능력을 갖추는 것은 자동차, 회화와 더불어 현대인에게 필수적인 3C를 갖추는 것으로서도 시급한 과제라 아니할 수 없다. 그리하여 정부에서는 93년도부터 워드프로세서 자격검정을 실시하고 있으며, 일반 회사에서도 그동안 상업계 학생 선발시 전산회계 급수뿐만 아니라 워드프로세서 자격증까지도 요구하게 되었다.

NCS 기반 – 과정평가형 국가기술자격제도

과정평가형 국가기술자격제도란 국가직무능력표준(NCS)으로 설계된 교육·훈련 과정을 체계적으로 이수하고 내·외부 평가를 거쳐 취득하는 국가기술자격제도를 말하는 것으로 정부에서는 2014년 5월에 산업 현장 일 중심으로 직업교육·훈련과 자격의 유기적 연계 강화로 현장 맞춤형 우수 기술 인력 배출을 위해 도입한 제도이며, 전산회계운용사는 2017년 7월에 3급이, 2018년 8월에 2급이, 2019년 8월에 1급이 과정평가형으로 선정되었다. 따라서 장차 공기업이나 대기업에 취업을 희망하는 경우에는 가장 중요하고 필수적인 자격증이다.

컴퓨터활용능력

앞서의 워드프로세서는 컴퓨터를 이용한 문서 작성을 위한 것이라면, 컴퓨터에 관한 일반상식 등 컴퓨터 활용에 관한 전반적인 실행 능력 및 업무 추진, 숙련 기능을 측정하는 과목으로서 정부에서는 99년 4월부터 국가기술자격검정으로 실시하고 있다. 그러므로, 본 과목은 일반 기업체의 취직 및 대학 진학시에도 분명 우대 받을 유망 자격증 중의 하나이다.

정보처리기능사

컴퓨터가 모든 분야에서 차지하는 비율이 점차 증가함에 따라 정책적으로 각 분야에 응용, 발전을 위해 국가적으로 지원하고 있으며, 첨단과학 기술의 핵심으로서 현재 고도의 기술 인력을 투입하고 있다. 이러한 컴퓨터 정보 산업에 종사하는 전문적인 기술인력을 양성하기 위한 제도로서 정보 처리 기능사, 기사 제도를 신설하여 시행해 오고 있다. 기사시험의 응시 자격은 제한되어 있으나 고등학생들에게는 기능사 시험에 응시 자격을 부여하고 있어 전망이 밝다.

ITQ(정보기술자격)시험

ITQ는 Information Technology Qualification의 약자로 정보화시대의 기업, 기관, 단체, 구성원들에 대한 정보기술능력 또는 정보기술활용능력을 객관적으로 평가하는 국가공인민간자격시험으로 한국생산성본부에서 시행하고 있다. 기업체 및 공공단체의 신입사원 채용시 ITQ자격증 소지자 우대 및 내부 승진시 인사고과 자료로 활용될 전망이다.

Chapter 01 회계의 기본 개념

1. 회계의 기본 원리
2. 기업의 재무상태
3. 수익·비용·손익계산서
4. 기업의 손익계산
※ 국가직무능력표준(NCS) 직업기초능력평가문제

회계를 넓게 정의하면 한 기업체의 모든 경제 활동을 화폐 단위로 계량화하여 재무상태 및 경영성과 등을 측정·인식·요약하여 유용한 회계 정보를 만들어 주주, 채권자, 경영진 등의 회계정보이용자들에게 유용한 정보를 제공하는 것이다.

우리는 흔히 어떤 사람이 경제적으로 얼만큼 안정되어 있는지를 알고 싶을 때 "그 사람 부자야?" 혹은 "그 사람 재산이 얼마나 되지?"라고 묻는데 이러한 질문은 바로 그 사람의 재무상태를 묻는 것이고, 이러한 재무상태를 기업에서는 재무상태표를 작성하여 나타낸다. 또한, 지난 한 해 동안 열심히 노력하여 경제적으로 좋은 성과를 얻었다는 사실을 자랑하고자 할 때, "나 작년에 얼마 벌었어" 혹은 "나는 작년에 이러저러한 방법으로 꽤 사업에 재미를 보았지"하는 식으로 표현을 하는데, 이러한 경영성과를 기업에서는 손익계산서를 작성하여 나타낸다.

이 영역에서는 회계의 기본 개념과 회계의 분류 및 회계의 사회적 역할을 학습하고, 기업의 재무상태를 나타내는 자산·부채·자본의 종류와 재무상태표의 작성 그리고 기업의 경영성과를 나타내는 수익과 비용의 종류와 손익계산서의 작성을 통하여 기업의 손익 계산에 대하여 학습하기로 한다.

회계 Insight

필자가 우리나라에서 지구 반대편에 있는 볼리비아의 광산에 대한 재무 타당성 분석을 위해 출장을 갔을 때의 일이다. 직항편이 없어 비행기를 네 번이나 환승하여 겨우 도착해서 매우 피곤한 상태였다. 그런데 하필 도착한 날 볼리비아의 정국이 어수선한 상태이어서 처음 입국하는 외국인들에 대한 입국 절차가 매우 까다로웠다.

보안 담당 직원이 입국 목적에 대해서 이것 저것 묻기에 직업이 회계사라고 했더니, 갑자기 종이에 무엇인가를 쓰고는 답을 하면 바로 보내주겠다고 했다.

그가 쓴 질문은 이것이었다.

Asset = ? + ?

왼쪽 질문에 대한 답을 'Asset(자산) = Liability(부채) + Capital(자본)'이라고 쓰고 나니, 보안 담당 직원은 흐뭇한 미소로 출입허가 도장을 찍어 주었다. 아마도 그가 기본 회계 상식을 좀 배웠는데, 그것으로 내 직업을 검증했다는 사실을 즐거워 했던 것 같다. 이 처럼 비즈니스의 세계적 공용어인 회계는 지구 반대편 볼리비아에서도 통한다. 어쩌면 여러분도 위 질문에 답할 수 있어야 볼리비아에 출입할 수 있을지도 모를 일이다.

출처 : 〈지금 당장 회계 공부 시작하라〉 - 강대준, 신홍철 저 (한빛비즈) -

Accounting Principle

01 회계의 기본 원리

01 회계(accounting)의 뜻과 목적

(1) **회계의 뜻** : 회계는 기업의 경영 활동으로 인하여 발생하는 현금·상품·채권·채무 등의 증감 변화를 일정한 원리에 따라 기록·계산·정리하여 얻어진 유용한 회계 정보를 기업의 모든 회계 정보 이용자들에게 전달하는 과정이다.

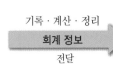

정보이용자

기업   기록 · 계산 · 정리
회계 정보
전달

1. 회계의 주체 ... 기업
2. 회계의 대상 ... 재산(현금, 상품, 채권, 채무 등) 및 자본
3. 의사 결정 ... 장차 일어나리라고 생각되는 여러가지 상황에서 목표 달성을 위한 최선의 대안을 선택하는 과정이다.(경영자는 장차 경영 방침의 수립, 투자자는 투자 계획의 수립 등)

(2) **회계의 목적** :

① 회계 정보 이용자의 합리적인 의사 결정에 유용한 정보를 제공한다.
② 기업의 미래 현금 창출 능력에 대한 정보를 제공한다.
③ 기업의 재무상태, 경영성과, 현금흐름 및 자본의 변동에 관한 정보를 제공한다.
④ 그 밖에 회계는 경영자에게 미래 기업의 효율적인 경영 방침을 수립하는데 정보를 제공하기도 하고, 정부 기관에는 세금을 부과하기 위한 과세 표준을 수립하는데 유용한 정보를 제공하는 목적이 있다.

02 회계 정보 이용자

[NCS 연결고리]

능력 단위	이해관계자 관리 (0201010109_13v1)	능력 단위 요소 (수준)	투자자 관리하기(0201010109_13v1.1) (3수준)
			협력사 관리하기(0201010109_13v1.2) (3수준)
영역과의 관계	기업의 이해관계자인 회계 정보 이용자를 파악하고 관리하는 데 도움이 될 것이다.		

　기업의 다양한 회계 정보 이용자에는 투자자(주주), 채권자, 경영자, 정부기관, 종업원 및 일반대중 등이 있으며, 이들은 기업과 재무적으로 이해 관계에 있으므로 기업으로부터 얻으려고 하는 회계 정보는 정보 이용자마다 서로 다르다. 회계 정보 이용자는 내부 정보 이용자(경영자, 종업원)와 외부 정보 이용자(투자자, 채권자 등)로 나눌 수 있다.

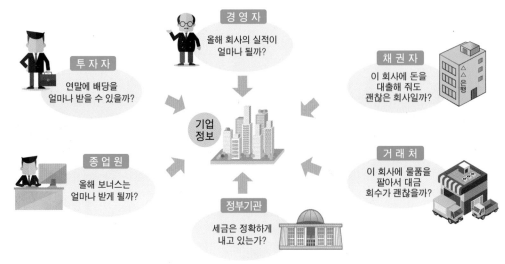

경영자 : 올해 회사의 실적이 얼마나 될까?
투자자 : 연말에 배당을 얼마나 받을 수 있을까?
채권자 : 이 회사에 돈을 대출해 줘도 괜찮은 회사일까?
종업원 : 올해 보너스는 얼마나 받게 될까?
거래처 : 이 회사에 물품을 팔아서 대금 회수가 괜찮을까?
정부기관 : 세금은 정확하게 내고 있는가?
기업 정보

능력 단위 요소	이해관계자 관리 (0201010109_13v1) (4수준)				
자가 진단 내용	나는 기업의 회계 정보의 목적에 따라 회계 정보 이용자를 판단하고 관리할 수 있다.				
문항 평가	매우 미흡 ①	미흡 ②	보통 ③	우수 ④	매우 우수 ⑤

03 부기의 뜻과 종류

[NCS 연결고리]

능력 단위	비영리회계 (0203020109_14v2)	능력 단위 요소 (수준)	비영리 대상 판단하기(0203020109_14v2.1)(4수준)
영역과의 관계	비영리조직의 회계 보고를 위하여 비영리 대상을 파악하는데 도움이 될 것이다.		

(1) 부기(book-keeping)의 뜻

부기란, '장부에 기입한다'를 줄인 말로서 기업이 소유하는 재산 및 자본의 증감 변화를 일정한 원리원칙에 따라 장부에 기록·계산·정리하여 그 원인과 결과를 명백히 밝히는 것을 말한다.

(2) 기록·계산하는 방법에 따른 분류

① 단식부기 : 일정한 원리원칙이 없이 단순한 수준인 개인 상점의 현금출납장이나 가정의 가계부 등과 같이 손익의 계산이 필요없는 곳에서 적용하는 불완전 부기 방법이다.

② 복식부기 : 일정한 원리원칙에 따라 재화의 증감은 물론 손익의 발생을 조직적으로 기록·계산하는 완전한 장부기입 방법으로서 대부분의 기업들이 적용하는 정규의 부기 방법이다.

(3) 이용자의 영리성 유·무에 따른 분류

① 영리부기 : 영리를 목적으로 하는 기업에서 사용하는 회계를 말하며 상업부기, 공업부기(원가회계), 은행부기, 건설업부기 등이 이에 속한다.

② 비영리부기 : 영리를 목적으로 하지 않는 가계나 학교, 관공서 등에서 사용하는 부기를 말하며 가계부, 학교부기, 정부관청부기, 재단부기 등이 이에 속한다.

능력 단위 요소	비영리 대상 판단하기 (0203020109_14v2.1) (4수준)				
자가 진단 내용	나는 비영리조직에 관한 일반적 정의에 의거하여 비영리조직 여부를 판단할 수 있다.				
문항 평가	매우 미흡 ①	미흡 ②	보통 ③	우수 ④	매우 우수 ⑤

04 복식부기의 발달 과정

(1) 13세기경 이탈리아 상업도시 베니스, 피렌체, 제노아 등에서 금전 대·차 및 물자공급 관리수단으로 사용하던 장부기록 방법이 그 기원이다.

(2) **복식부기의 최초 소개** : 1494년 이탈리아의 상업도시 베니스에서 수도승이자 수학자인 루카 파치올리(Lucas pacioli)가 저술한 '산술·기하·비 및 비율총람(summa)' 중의 제2부 '기록·계산에 대하여'라는 부분에서 최초로 소개되었다.

(3) 우리나라는 이보다 앞서 12세기경 고려시대 말엽부터 조선시대까지 개성상인들이 창안한 '사개송도 치부법'이라는 송도부기가 있었으나, 구한말 서양부기의 도입으로 계승 발전이 되지 못하였다.

Tip

▶ 루카 파치올리는 기업인이 성공하는 3가지 조건을 제시하였는데 충분한 현금과 신용, 우수한 경리인 그리고, 기업의 모든 거래를 단번에 파악할 수 있는 회계 제도를 들었으며, 그가 저술한 책의 첫머리에 "신의 이름으로"라고 표시하여 진실한 장부 기록의 중요성을 강조하였다.

05 회계 정보 이용자의 이용 목적에 따른 회계의 분류

(1) **재무회계**(financial accounting) : 기업의 외부 정보 이용자인 투자자나 채권자 등에게 경제적 의사 결정에 유용한 정보를 제공하는 것을 목적으로 하는 회계이다.

(2) **관리회계**(managerial accounting) : 기업의 내부 정보 이용자인 경영진에게 관리적 의사 결정에 유용한 정보를 제공하는 것을 목적으로 하는 회계이다.

(3) **세무회계**(tax accounting) : 기업의 외부 정보 이용자인 세무관서에 일정 기간 기업의 과세소득을 기준으로 납부할 세금을 산출하는데 필요한 정보를 제공하는 것을 목적으로 하는 회계이다.

06 회계의 역할

(1) 회계는 기업의 정보 이용자인 투자자와 채권자들이 보유하고 있는 희소한 경제적 자원(economic resources)의 배분과 관련된 유용한 정보를 제공하여 합리적인 의사 결정을 하는데 공헌한다.

(2) 주식회사는 소유자인 주주와 전문경영진이 분리되어 있다. 이에 경영진은 주주나 채권자로부터 받은 재산을 효율적으로 관리·운용하고 보고하는 책임을 수탁 책임이라 하고, 이를 회계의 수탁 책임 보고의 기능이라고 한다.

(3) 그 밖에 세무 당국의 과세 결정을 위하거나, 노사간의 임금 협약 및 국가 정책 수립 등 사회적 통제의 합리화에 많이 활용되고 있다.

> ▶ **수탁 책임**
> 수탁자란 재산이나 업무를 떠맡는 사람을 말하고 위탁자란 맡기는 사람 또는 업체를 말한다. 따라서 수탁 책임이란 위탁자로부터 위탁된 자금 또는 재산을 관리 운용한 결과를 전달하는 관리 책임을 말하는 것이다.

07 회계 단위(會計 單位 : accounting unit)

기업이 소유하고 있는 현금·물품·채권·채무 등의 증감 변화를 기록·계산하기 위한 장소적 범위를 회계 단위라고 말한다. 예를 들면, 본점과 지점, 본사와 공장으로 분리하여 기록·계산할 수 있다.

08 회계 연도(會計 年度 : fiscal year F/Y)

기업은 설립과 동시에 경영 활동이 무한히 계속되므로 그 기간 전체에 대한 경영성과를 파악하기가 어렵다. 따라서 인위적으로 6개월 또는 1년으로 기간적 범위를 설정하여야 하는데, 이 때 설정하는 기간을 회계 연도 또는 회계 기간(보고 기간)이라 한다.

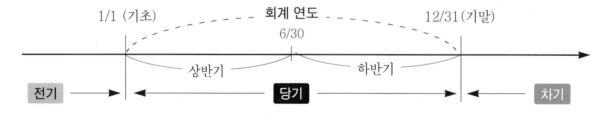

> 1. 현행 상법에서는 회계 연도는 1년을 초과하지 못하며, 1년에 한번이상(6개월, 1년 등) 결산을 하도록 규정하고 있다. 단, 회계 기간(보고 기간)의 설정은 반드시 1월 1일부터 12월 31일까지로 할 필요는 없다.
> 2. • **기초**(期初) : 회계 연도가 처음 시작하는 날   • **기말**(期末) : 회계 연도가 끝나는 날
>   • **전기**(前期) : 앞 회계 연도   • **당기**(當期) : 현재 회계 연도
>   • **차기**(次期) : 다음 회계 연도   • **전기이월**(前期移越) : 전기에서 당기로 넘어오다.
>   • **차기이월**(次期移越) : 당기에서 차기로 넘어가다.

1. 일반기업회계기준 상 회계의 목적에 대한 설명으로 가장 거리가 먼 것은?

① 미래 자금흐름 예측에 유용한 회계 외 비화폐적 정보의 제공 　【제106회, 제94회, FAT 제48회, 제49회, 제51회, 제57회】
② 경영자의 수탁책임 평가에 유용한 정보의 제공
③ 투자 및 신용의사결정에 유용한 정보의 제공
④ 재무상태, 경영성과, 현금흐름 및 자본변동에 관한 정보의 제공

2. 다음 중 회계의 기본개념에 대한 설명으로 옳지 않은 것은? 【FAT 제47회】

① 기업의 외부 이해관계자는 주주와 채권자뿐이다.
② 재무제표 작성과 표시의 책임은 경영자에게 있다.
③ 회계는 회계정보이용자가 합리적 의사결정을 할 수 있도록 경제적 정보를 식별, 측정, 전달하는 정보시스템이다.
④ 회계는 정보이용자들이 경제적 자원의 배분과 관련된 의사결정을 하는데 도움이 되는 유용한 정보를 제공한다.

기본연습문제

01 다음 (　　)안에 알맞은 용어를 써 넣으시오.

(1) 회계의 궁극적인 목적은 기업의 경영 활동에서 발생하는 거래를 기록·분류·요약하여 기업의 모든 이해관계자에게 합리적인 의사 결정을 위한 유용한 (　　　　　)를 제공하는 것이다.

(2) 회계는 회계 정보 이용자들을 기준으로 분류하면 외부 보고 목적인 (　　　　　) 및 세무회계와 내부 보고 목적인 (　　　　　)로 나눈다.

(3) 부기는 기록·계산 방법에 따라 (　　　　　)와 (　　　　　)로 나누어지며, 또한 이용자의 영리성 유·무에 따라 (　　　　　)와 (　　　　　)로 나누어진다.

(4) 자산·부채·자본의 증감 변화를 기록·계산하는 장소적 범위를 (　　　　)라 하고, 기업의 재무상태와 경영성과를 파악하기 위하여 인위적으로 설정한 기간적 범위를 (　　　　) 또는 회계 기간이라 한다.

02 다음 보기에서 아래의 설명에 해당하는 용어의 기호를 (　　)안에 써 넣으시오.

보기				
ⓐ 전기이월	ⓑ 당기	ⓒ 기초	ⓓ 차기	ⓔ 회계연도
ⓕ 회계단위	ⓖ 기말	ⓗ 전기	ⓘ 복식부기	ⓙ 차기이월
ⓚ 영리부기	ⓛ 전월이월	ⓜ 루카 파치올리	ⓝ 차월이월	

(1) 세계 최초로 복식부기를 소개한 사람 …(　　　) 　(2) 회계 연도가 끝나는 날 ………(　　　)
(3) 앞의 회계 연도………………………(　　　) 　(4) 현재 회계 연도…………………(　　　)
(5) 다음 회계 연도…………………………(　　　) 　(6) 장부에 기록하는 장소적 범위 …(　　　)
(7) 장부에 기록하는 시간적 범위 ……(　　　) 　(8) 앞의 회계 연도에서 넘어오다. …(　　　)
(9) 다음 회계 연도로 넘어가다. ………(　　　) 　(10) 앞달에서 이번달로 넘어오다. …(　　　)
(11) 이번달에서 다음달로 넘어가다. …(　　　) 　(12) 회계 연도가 시작하는 날 ………(　　　)

기업의 재무 상태

자산(資産 : assets)

기업이 경영 활동을 위하여 소유하고 있는 각종 재화나 채권을 말하며, 적극적 재산 또는 지분이라고도 한다.

> 1. 재화 : 기업이 소유하는 돈이나 물품으로서 현금·상품·토지·건물·차량운반구 등을 말한다.
> 2. 채권 : 기업이 타인으로 부터 돈을 받을 권리로서 외상매출금이나 현금을 빌려준 경우의 대여금 등을 말한다.
> 3. 자산은 1년기준(현금화 할 수 있는 기간)에 의하여 유동자산과 비유동자산으로 나누어진다.

과 목	내 용
현 금	한국은행에서 발행한 지폐와 주화, 통화대용증권(자기앞수표 등)
당 좌 예 금	당좌수표를 발행할 목적으로 은행에 돈을 예입한 것
현금 및 현금성자산	현금과 당좌예금·보통예금을 합한 것
단 기 금 융 상 품	만기가 1년 이내의 정기예금·정기적금을 가입한 것
단 기 매 매 증 권	증권회사에서 단기시세차익을 목적으로 주식, 사채, 공채증서 등을 구입한 경우
단 기 대 여 금	현금을 타인에게 빌려주고, 차용증서를 받은 경우(1년이내 회수하는 조건)
단 기 투 자 자 산	단기금융상품과 단기매매증권, 단기대여금을 통합한 것
외 상 매 출 금	상품을 매출하고, 대금을 외상으로 한 경우
받 을 어 음	상품을 매출하고, 대금을 약속어음으로 받은 경우
매 출 채 권	외상매출금과 받을어음을 합한 것
미 수 금	상품이 아닌 물건(토지, 건물 등)을 매각처분하고, 대금을 나중에 받기로 한 경우
선 급 금	상품을 매입하기로 하고, 계약금으로 상품대금의 일부를 미리 지급한 금액
장 기 대 여 금	장기간(회수기간이 1년이상) 동안 현금을 빌려준 경우
상 품	판매를 목적으로 외부로부터 매입한 물품(백화점의 물품)
토 지	영업용으로 사용하기 위해 땅을 구입한 것(운동장, 주차장 등)
건 물	영업용으로 사용하기 위해 사무실, 창고, 기숙사, 점포 등을 구입한 것(설비자산)
차 량 운 반 구	영업용으로 사용하기 위해 트럭, 승용차, 오토바이 등을 구입한 것
비 품	영업용으로 사용하기 위해 책상, 의자, 금고, 응접세트, 컴퓨터 등을 구입한 것

부채(負債 : liabilities)

기업이 장래에 타인에게 일정한 금액을 갚아야 할 채무(빚)를 말하며, 소극적재산 또는 채권자지분(채권자청구권)이라고도 하며, 1년을 기준으로 유동부채와 비유동부채로 구분한다.

과 목	내 용
단 기 차 입 금	타인으로부터 현금을 빌리고, 차용증서를 써 준 경우(1년이내 갚는 조건)
외 상 매 입 금	상품을 매입하고, 대금은 외상으로 한 경우
지 급 어 음	상품을 매입하고, 대금은 약속어음을 발행한 경우
매 입 채 무	외상매입금과 지급어음을 합한 것
미 지 급 금	상품이 아닌 물건(토지, 건물 등)을 구입하고, 대금은 나중에 주기로 한 경우
선 수 금	상품을 매출하기로 하고, 계약금으로 상품대금의 일부를 미리 받은 금액
장 기 차 입 금	차용증서를 써 주고 장기간(갚는 기간이 1년 이상) 동안 현금을 빌린 경우

03 자본(資本 : capital)

기업의 자산 총액에서 부채 총액을 차감한 잔액으로 자본 또는 순자산(소유주지분, 잔여지분, 주주지분)이라고도 한다. 이 관계를 등식으로 표시하면 자본등식이 된다.

$$자 본 등 식 \cdots\cdots\cdots 자산 - 부채 = 자본$$

04 재무상태표(statement of financial position)

일정 시점에 있어서 기업의 재무상태를 나타내는 보고서로서 대차대조표라고도 한다.

【 NCS 연결고리 】

능력 단위	결산 관리 (0203020104_14v2)	능력 단위 요소 (수준)	재무제표 작성하기(0203020104_14v2.3) (4수준)
영역과의 관계	기업 실무에 적용되는 회계 관련 규정과 회계 용어에 대한 지식 및 재무제표의 상호 연계성을 파악하고 재무제표를 작성하는데 도움이 될 것이다.		

재 무 상 태 표

한국상사   202×년 1월 1일   단위 : 원

자 산	금 액	부 채 · 자 본	금 액
현 금 및 현 금 성 자 산	1,300,000	매 입 채 무	700,000
단 기 투 자 자 산	500,000	단 기 차 입 금	300,000
매 출 채 권	1,200,000	자 본 금	4,000,000
상 품	500,000		
건 물	1,500,000		
	5,000,000		5,000,000

$$재무상태표 등 식 \cdots\cdots\cdots 자산 = 부채 + 자본$$

플러스Tip

1. 회계에서 왼쪽을 차변(debtor : Dr)이라 하고, 오른쪽은 대변(creditor : Cr)이라 한다.
2. 현금, 당좌예금, 보통예금 등을 통합하여 '현금 및 현금성자산' 으로 표시한다.
3. 단기금융상품, 단기매매증권, 단기대여금을 통합하여 '단기투자자산' 으로 표시한다.
4. 외상매출금, 받을어음을 통합하여 매출채권으로, 외상매입금, 지급어음을 통합하여 매입채무로 표시한다.
5. 재고자산 중 '상품' 은 개별적으로 표시하여야 한다.
6. 비유동자산 중 유형자산은 토지, 설비자산(건물, 기계장치), 기타자산(차량운반구, 비품 등)으로 분류 표시하여야 한다. 단, 별다른 언급이 없는 한 수업의 편의상 개별계정(건물 등)으로 표시하기로 한다.

05 자본 유지 접근법(capital maintenance approach)에 의한 당기순손익의 측정

회계 기간 초의 기초 자본과 회계 기간 말의 기말 자본을 비교하여 순이익 또는 순손실을 측정할 수 있는 방법으로서 재산법 또는 순자산접근법이라고도 한다.

$$자본 유지 접근법(재산법) \cdots \begin{array}{l} 기말자본 - 기초자본 = 순이익 \\ 기초자본 - 기말자본 = 순손실 \end{array}$$

(1) 당기순이익이 발생한 경우

<table>
<tr><th colspan="2">기초 재무상태표</th></tr>
<tr><td rowspan="2">기 초 자 산
5,000,000</td><td>기초부채 1,000,000</td></tr>
<tr><td>기 초 자 본 금
4,000,000</td></tr>
</table>

➡

<table>
<tr><th colspan="3">기말 재무상태표</th></tr>
<tr><td rowspan="3">기 말 자 산
6,800,000</td><td colspan="2">기말부채 2,000,000</td></tr>
<tr><td rowspan="2">기
말
자
본</td><td>기 초 자 본 금
4,000,000</td></tr>
<tr><td>당기순이익 800,000</td></tr>
</table>

(2) 당기순손실이 발생한 경우

<table>
<tr><th colspan="2">기초 재무상태표</th></tr>
<tr><td rowspan="2">기 초 자 산
5,000,000</td><td>기초부채 1,000,000</td></tr>
<tr><td>기 초 자 본 금
4,000,000</td></tr>
</table>

➡

<table>
<tr><th colspan="3">기말 재무상태표</th></tr>
<tr><td rowspan="3">기 말 자 산
6,000,000</td><td colspan="2">기말부채 2,500,000</td></tr>
<tr><td rowspan="2">기
말
자
본</td><td>기 초 자 본 금
4,000,000</td></tr>
<tr><td>당기순손실 △500,000</td></tr>
</table>

기출 확인 문제

1. 다음 중 재무제표의 기본요소에 대한 설명으로 옳지 않은 것은? 【제97회, FAT 제50회, 제52회】

  ① 자산은 미래에 경제적 효익을 창출할 것으로 기대되는 자원이다.
  ② 자산은 현재 기업실체에 의해 지배되어야 한다.
  ③ 부채는 기업실체가 현재 시점에서 부담하여야 하는 경제적 의무이다.
  ④ 부채는 미래에 자원의 유입이 예상되는 권리이다.

2. 다음 중 일정 시점의 재무상태를 나타내는 재무보고서의 계정과목으로만 짝지어진 것이 아닌 것은?

  【제107회, 제105회, 제99회】

  ① 외상매입금, 선수금　　　　　　② 임대료, 이자비용
  ③ 선급금, 외상매출금　　　　　　④ 선수금, 보통예금

3. 재무상태표 등식으로 옳은 것은? 【제66회】

  ① 총비용 = 총수익+당기순이익　　　② 자산 = 부채+자본
  ③ 총수익 = 총비용+당기순손실　　　④ 기말자산+총비용 = 총수익+기말자본+기말부채

4. 다음 중 재무상태표에 대한 설명으로 옳지 않은 것은? 【제104회】

  ① 일정한 시점의 재무상태를 나타내는 보고서이다.
  ② 기초자본과 기말자본을 비교하여 당기순손익을 산출한다.
  ③ 재무상태표 등식은 '자산＝부채＋자본'이다.
  ④ 자산과 부채는 유동성이 낮은 순서로 기록한다.

5. 다음은 202×년 12월 31일 자료이다. 자본금을 계산하면 얼마인가? 【제69회】

• 현　　금 300,000원	• 단기차입금 400,000원	• 외상매입금 250,000원
• 외상매출금 300,000원	• 비　　품 400,000원	• 건　　물 700,000원
• 지급어음 100,000원	• 받을어음 200,000원	

① 1,150,000원　　　　　② 1,350,000원　　　　　③ 1,550,000원　　　　　④ 1,650,000원

6. 다음은 (주)무릉의 재무제표 정보이다. 이를 이용하여 20×2 회계연도 말 부채합계를 구하면 얼마인가?

【제106회, 제64회, 제67회】

구 분	20X1년 12월 31일	20X2년 12월 31일
자산합계	8,500,000원	11,000,000원
부채합계	4,000,000원	?
20X2 회계연도 중 자본변동내역	당기순이익 800,000원	

① 3,700,000원　　　　　② 4,700,000원　　　　　③ 5,700,000원　　　　　④ 6,200,000원

7. 다음 재무 자료에 대한 설명으로 옳지 않은 것은? 【제95회】

• 기초자산　　　　90,000원	• 기초부채　　　　40,000원
• 기말자산　　　 110,000원	• 기말부채　　　　50,000원

① 기초자본은 50,000원이다.　　　　　② 당기순이익은 10,000원이다.
③ 당기 부채보다 자산이 더 많이 증가했다.　　　　　④ 기말자본은 50,000원이다.

기 본 연 습 문 제

01 다음 (　　　)안에 알맞은 말을 써 넣으시오.

(1) 기업이 경영 활동을 위하여 소유하고 있는 각종 (　　　)나 (　　　)을 자산이라 한다.

(2) 기업이 타인에게 금전, 재화 또는 용역 등을 장래에 제공하여야 할 채무를 (　　　)라 한다.

(3) 기업의 (　　　) 총액에서 (　　　) 총액을 차감한 잔액을 자본이라 하며, 순자산(순재산)이라고도 한다.

(4) 복식부기에서는 장부에 기록하는 장소 중 왼쪽을 (　　　), 오른쪽을 (　　　)이라 한다.

(5) 일정 시점에 있어서 기업의 재무상태를 나타내는 보고서를 (　　　)라 한다.

(5) 자본 등식은 (　　　) − (　　　) = (　　　)이다.

(7) 재무상태표 등식은 (　　　) = (　　　) + (　　　)이다.

(8) (　　　) − (　　　) = 기초자본, (　　　) − (　　　) = 기말자본

(9) 자본 유지 접근법(재산법)에 의한 순손익 측정의 방법은 다음과 같다.
　　　① 순이익 = (　　　) − (　　　)　　　② 순손실 = (　　　) − (　　　)

(10) 기말 재무상태표 작성 시 차변 합계가 대변 합계 보다 많으면 당기 (　　　)이 발생하고, 차변 합계가 대변 합계 보다 적으면 당기(　　　)이 발생한다.

02 다음 과목 중 자산은 A, 부채는 L, 자본은 C로 (　　　)안에 표시하시오.

(1) 현　　　　금 (　　)	(2) 건　　　　물 (　　)	(3) 단 기 차 입 금 (　　)
(4) 외 상 매 출 금 (　　)	(5) 외 상 매 입 금 (　　)	(6) 당 좌 예 금 (　　)
(7) 미 　수 　금 (　　)	(8) 미 지 급 금 (　　)	(9) 상　　　　품 (　　)
(10) 단 기 대 여 금 (　　)	(11) 매 출 채 권 (　　)	(12) 매 입 채 무 (　　)
(13) 차 량 운 반 구 (　　)	(14) 자 　본 　금 (　　)	(15) 선 　급 　금 (　　)
(16) 선 　수 　금 (　　)	(17) 비　　　　품 (　　)	(18) 장 기 대 여 금 (　　)
(19) 단 기 매 매 증 권 (　　)	(20) 받 을 어 음 (　　)	(21) 지 급 어 음 (　　)
(22) 토　　　　지 (　　)	(23) 현금및현금성자산 (　　)	(24) 단 기 금 융 상 품 (　　)

03 다음 표의 (　　　)안에 알맞은 금액을 써 넣으시오.

No.	자　　산	부　　채	자　　본
(1)	5,000,000원	2,000,000원	(　　　　　　　)
(2)	(　　　　　　　)	3,000,000원	5,000,000원
(3)	2,000,000원	(　　　　　　　)	1,500,000원

04 서울상사의 자산·부채에 관한 자료는 다음과 같다. 자산총액과 부채총액 및 자본총액은 얼마인가?

현　　　　금	500,000원	당 좌 예 금	300,000원	단 기 대 여 금	200,000원
단 기 매 매 증 권	200,000원	외 상 매 출 금	400,000원	받 을 어 음	200,000원
상　　　　품	400,000원	건　　　　물	800,000원	외 상 매 입 금	350,000원
지 급 어 음	250,000원	단 기 차 입 금	400,000원		

자산총액	원	부채총액	원	자본총액	원

05 광화문상사의 자산·부채에 관한 자료는 다음과 같다. 자본 등식과 재무상태표 등식을 표시하시오.

현금및현금성자산	300,000원	단 기 대 여 금	100,000원	단 기 매 매 증 권	150,000원
매 출 채 권	450,000원	상　　　　품	200,000원	비　　　　품	300,000원
매 입 채 무	250,000원	단 기 차 입 금	100,000원	미 지 급 금	150,000원

자 본 등 식	
재무상태표 등식	

202×년 1월 1일 한강상사의 자산·부채에 관한 자료에 의하여 재무상태표를 작성하시오.

현 금	450,000원	당 좌 예 금	250,000원	단 기 금 융 상 품	200,000원
단 기 매 매 증 권	300,000원	외 상 매 출 금	300,000원	받 을 어 음	200,000원
상 품	500,000원	건 물	1,000,000원	단 기 차 입 금	200,000원
지 급 어 음	600,000원	외 상 매 입 금	400,000원	자 본 금	2,000,000원

재 무 상 태 표

한강상사   202×년 1월 1일 현재   단위 : 원

자 산	금 액	부 채 · 자 본	금 액

07 남문상사의 재무상태는 다음과 같다. 재무상태표를 작성하시오. 단, 자본금은 각자 계산 할 것.

현 금	350,000원	당 좌 예 금	450,000원	단 기 금 융 상 품	200,000원
단 기 매 매 증 권	400,000원	외 상 매 출 금	300,000원	단 기 대 여 금	200,000원
상 품	300,000원	건 물	1,300,000원	단 기 차 입 금	100,000원
지 급 어 음	150,000원	외 상 매 입 금	250,000원		

재 무 상 태 표

남문상사   202×년 1월 1일 현재   단위 : 원

자 산	금 액	부 채 · 자 본	금 액

08 김포상사의 다음 자산·부채에 의하여 재무상태표를 작성하시오.

현 금	500,000원	당 좌 예 금	400,000원	단 기 금 융 상 품	500,000원
단 기 대 여 금	300,000원	받 을 어 음	400,000원	외 상 매 출 금	200,000원
상 품	500,000원	토 지	1,700,000원	단 기 차 입 금	300,000원
지 급 어 음	850,000원	외 상 매 입 금	350,000원	자 본 금	(각 자 계 산)

재 무 상 태 표

김포상사   202×년 1월 1일 현재   단위 : 원

자 산	금 액	부 채 · 자 본	금 액

09 길동상사의 기초 재무상태는 다음과 같다. 재무상태표를 작성하고, 상품에 대한 금액을 구하시오.

현 금	200,000원	보 통 예 금	500,000원	단 기 대 여 금	1,000,000원
단 기 매 매 증 권	150,000원	외 상 매 출 금	700,000원	받 을 어 음	100,000원
상 품	(각자계산)	건 물	200,000원	단 기 차 입 금	200,000원
지 급 어 음	400,000원	외 상 매 입 금	800,000원	자 본 금	2,000,000원

재 무 상 태 표

길동상사   202×년 1월 1일 현재   단위 : 원

자 산	금 액	부 채 · 자 본	금 액

마포상사의 다음 자료에 의하여 기초 재무상태표와 기말 재무상태표를 작성하시오.

【 자 료 I 】 202×년 1월 1일의 재무상태

현 금	200,000원	보 통 예 금	300,000원	단 기 매 매 증 권	300,000원
외 상 매 출 금	250,000원	받 을 어 음	150,000원	상 품	250,000원
건 물	50,000원	단 기 차 입 금	200,000원	지 급 어 음	80,000원
외 상 매 입 금	120,000원	장 기 차 입 금	100,000원		

【 자 료 II 】 202×년 12월 31일의 재무상태

현 금	450,000원	보 통 예 금	350,000원	단 기 매 매 증 권	100,000원
외 상 매 출 금	150,000원	받 을 어 음	150,000원	상 품	400,000원
건 물	100,000원	단 기 차 입 금	100,000원	지 급 어 음	70,000원
외 상 매 입 금	180,000원	장 기 차 입 금	50,000원		

재 무 상 태 표

마포상사   202×년 1월 1일 현재   단위 : 원

자 산	금 액	부 채 · 자 본	금 액

재 무 상 태 표

마포상사   202×년 12월 31일 현재   단위 : 원

자 산	금 액	부 채 · 자 본	금 액

명륜상사의 기초(1월 1일)와 기말(12월 31일)의 자산·부채에 관한 자료에 의하여 기말 재무상태표를 작성하고, 아래 물음에 답하시오.

【자료 I 】 202×년 1월 1일의 재무상태

현　　　　　금	1,400,000원	당 좌 예 금	1,200,000원	단 기 금 융 상 품	300,000원
단 기 매 매 증 권	500,000원	외 상 매 출 금	1,600,000원	건　　　　　물	3,000,000원
단 기 차 입 금	800,000원	외 상 매 입 금	1,000,000원	장 기 차 입 금	1,200,000원

【자료 II 】 202×년 12월 31일의 재무상태

현　　　　　금	1,500,000원	당 좌 예 금	800,000원	단 기 금 융 상 품	500,000원
단 기 매 매 증 권	500,000원	외 상 매 출 금	2,000,000원	건　　　　　물	3,000,000원
단 기 차 입 금	600,000원	외 상 매 입 금	900,000원	장 기 차 입 금	1,000,000원

재 무 상 태 표

명륜상사　　　　　　　202×년 12월 31일 현재　　　　　　　단위 : 원

자　　　산	금　　　액	부 채 · 자 본	금　　　액

【물 음】

(1) 기초 자산총액은 얼마인가? ·· (　　　　　원　)

(2) 기초 자본금은 얼마인가? ·· (　　　　　원　)

(3) 기말 자산총액은 얼마인가? ·· (　　　　　원　)

(4) 기말 자본금은 얼마인가? ·· (　　　　　원　)

(5) 당기순이익은 얼마인가? ·· (　　　　　원　)

능력 단위 요소	재무제표 작성하기 (0203020104_14v2.3) (4수준)			
자가 진단 내용	나는 회계 관련 규정에 따라 재무상태표를 작성할 수 있다.			
문항 평가	매우 미흡 ①	미흡 ②	보통 ③	우수 ④	매우 우수 ⑤

03 수익·비용·손익계산서

01 수익(收益 : revenue)

기업의 일정 기간 동안 경영 활동의 결과로 자본의 증가를 가져오는 원인을 수익이라 한다.

과 목	내 용
상 품 매 출 이 익	상품을 원가 이상으로 매출하였을 때 생기는 이익
이 자 수 익	단기대여금 또는 은행예금에서 생기는 이자를 받으면
임 대 료	건물, 토지 등을 빌려주고, 월세 및 지대(토지 사용료)를 받으면
수 수 료 수 익	용역 등을 제공하거나 상품판매 중개 역할을 하고, 수수료를 받으면
단기매매증권처분이익	주식, 사채 등의 유가증권을 원가 이상으로 처분하였을 때(단기투자자산처분이익)
유 형 자 산 처 분 이 익	건물, 비품, 토지 등의 유형자산을 원가 이상으로 처분하였을 때 생기는 이익
잡 이 익	영업 활동 이외에서 생기는 금액이 적은 이익(폐품 처분 시 생긴 이익)

02 비용(費用 : expense)

기업의 일정 기간 동안 경영 활동의 결과로 자본의 감소를 가져오는 원인을 비용이라 한다.

과 목	내 용
상 품 매 출 손 실	상품을 원가 이하로 매출하였을 때 생기는 손실
이 자 비 용	단기차입금에 대한 이자를 지급하면
임 차 료	건물, 토지 등을 빌리고, 월세 및 지대(토지 사용료)를 지급하면
수 수 료 비 용	용역을 제공받고, 수수료를 지급한 경우(예금 이체 수수료, 장부기장료 등)
급 여	종업원에게 월급을 지급하면
복 리 후 생 비	종업원의 복리·후생을 위한 의료, 경조비, 회식비(식대), 야유회 비용을 지급하면
차 량 유 지 비	영업용 차량에 대한 유류대금(주유비), 주차요금, 엔진오일 교체대금 등을 지급하면
여 비 교 통 비	택시요금, 교통카드 충전비용, 시내 출장비를 지급하면
통 신 비	전화요금, 인터넷 사용료, 우편요금 등
수 도 광 열 비	수도, 전기, 가스 등에 사용되는 비용
소 모 품 비	사무용장부, 볼펜, 복사용지 등을 구입하여 사용하면
접 대 비	거래처와 관련된 접대비(식대), 선물, 경조비(축하화환, 조화) 등을 지급하면
세 금 과 공 과	재산세, 자동차세, 상공회의소회비, 적십자회비, 과태료 등을 지급하면
보 험 료	화재보험료 및 자동차보험료를 지급하면
광 고 선 전 비	상품 판매를 위하여 지급되는 TV, 신문의 광고선전비용(사원모집광고비용)
교 육 훈 련 비	종업원의 직무 능력 향상을 위한 교육 훈련 비용을 지급하면
운 반 비	상품 매출 시 발송비, 짐꾸리기 비용을 지급하면
수 선 비	건물, 비품, 기계장치 등의 수리비를 지급하면
도 서 인 쇄 비	신문구독료, 도서 구입 대금, 명함 인쇄비 등을 지급하면
단기매매증권처분손실	주식, 사채 등의 유가증권을 원가 이하로 처분하였을 때 생기는 손실(단기투자자산처분손실)
유 형 자 산 처 분 손 실	건물, 비품, 토지 등의 유형자산을 원가 이하로 처분하였을 때 생기는 손실
잡 손 실	영업 활동과 관계없이 생기는 적은 손실(도난손실)

03 손익계산서(損益計算書 : income statement, I/S 또는 profit & loss statement, P/L)

기업의 일정 기간 동안 경영성과를 나타내는 보고서로서, 재무성과보고서라고도 한다.

손 익 계 산 서

마포상사　202×년 1월 1일부터 12월 31일까지　단위:원

비　용	금　액	수　익	금　액
급　　　여	60,000	상품매출이익	80,000
이 자 비 용	10,000	임 대 료	20,000
당 기 순 이 익	30,000		
	100,000		100,000

손 익 계 산 서

마포상사　202×년 1월 1일부터 12월 31일까지　단위:원

비　용	금　액	수　익	금　액
급　　　여	90,000	상품매출이익	65,000
이 자 비 용	10,000	임 대 료	5,000
		당 기 순 손 실	30,000
	100,000		100,000

(총비용 + 당기순이익 = 총수익) ⇐ 손익계산서 등식 ⇒ (총비용 = 총수익 + 당기순손실)

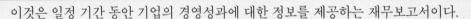

기출 확인 문제

1. 다음 설명에 해당하는 재무제표로 옳은 것은? 【제103회, 제95회, FAT 제41회】

> 이것은 일정 기간 동안 기업의 경영성과에 대한 정보를 제공하는 재무보고서이다.

① 자본변동표　　　② 재무상태표　　　③ 손익계산서　　　④ 현금흐름표

2. 다음 중 손익계산서상 계정과목에 대한 설명으로 가장 적절하지 않은 것은? 【제100회】

① 통신비 : 업무에 관련되는 전화요금, 휴대폰요금, 인터넷요금, 등기우편요금 등
② 수도광열비 : 업무와 관련된 가스요금, 전기요금, 수도요금, 난방비
③ 접대비 : 상품 등의 판매촉진을 위하여 불특정다수인에게 선전하는 데에 소요되는 비용
④ 임차료 : 업무와 관련된 토지, 건물, 기계장치, 차량운반구 등을 빌리고 지급하는 사용료

기 본 연 습 문 제

01 다음 ( )안에 알맞은 말을 써 넣으시오.

(1) 영업 활동의 결과 자본의 증가 원인이 되는 것을 ( ), 자본의 감소 원인이 되는 것을 ( )이라 한다.

(2) 총수익과 총비용을 비교하여 총수익이 많으면 ( )이 생기고, 자본금을 ( ) 시킨다.

(3) 총수익과 총비용을 비교하여 총비용이 많으면 ( )이 생기고, 자본금을 ( ) 시킨다.

(4) 일정 기간 동안 기업의 경영 성과를 나타내는 보고서를 ( )라 한다.

(5) 손익계산서 등식은 총비용 + ( ) = ( )이고, 총비용 = ( ) + ( ) 이 된다.

(6) 손익계산서의 당기순손익은 ( )으로 기입한다.

02 다음 과목 중 수익과목은 R, 비용과목은 E를 (   )안에 표기하시오.

(1) 이 자 수 익 (   )　　(2) 이 자 비 용 (   )　　(3) 상 품 매 출 이 익 (   )

(4) 급　　　　여 (   )　　(5) 임　차　료 (   )　　(6) 임　대　료 (   )

(7) 상 품 매 출 손 실 (   )　　(8) 잡　이　익 (   )　　(9) 잡　손　실 (   )

(10) 수 수 료 수 익 (   )　　(11) 수 수 료 비 용 (   )　　(12) 광 고 선 전 비 (   )

(13) 보　험　료 (   )　　(14) 세 금 과 공 과 (   )　　(15) 잡　　　　비 (   )

(16) 단기매매증권처분이익 (   )　　(17) 소 모 품 비 (   )　　(18) 수 도 광 열 비 (   )

(19) 통　신　비 (   )　　(20) 유형자산처분이익 (   )　　(21) 여 비 교 통 비 (   )

03 다음 (   )안에 알맞은 금액을 써 넣으시오. 단, '-'는 순손실이다.

구분 ＼ 번호	(1)	(2)	(3)	(4)	(5)	(6)
총 수 익	350,000	250,000	( )	800,000	( )	500,000
총 비 용	300,000	350,000	200,000	( )	300,000	( )
당기순손익	( )	( )	80,000	50,000	− 20,000	− 40,000

04 강릉상사의 202×년 수익과 비용에 관한 다음 자료에 의하여 손익계산서를 작성하시오.

상 품 매 출 이 익　320,000원　　수 수 료 수 익　80,000원　　임　대　료　50,000원

급　　　　여　120,000원　　보　험　료　30,000원　　여 비 교 통 비　40,000원

통　신　비　60,000원　　수 도 광 열 비　50,000원　　광 고 선 전 비　30,000원

손 익 계 산 서

강릉상사　　202×년 1월 1일부터 12월 31일까지　　단위 : 원

비　　　　용	금　　　　액	수　　　　익	금　　　　액

능력 단위 요소	재무제표 작성하기 (0203020104_14v2.3) (4수준)			
자가 진단 내용	나는 회계 관련 규정에 따라 손익계산서를 작성할 수 있다.			
문항 평가	매우 미흡 ①	미흡 ②	보통 ③	우수 ④	매우 우수 ⑤

05 강남상사의 수익과 비용에 관한 자료이다. 손익계산서를 작성하시오.

| 상 품 매 출 이 익 | 800,000원 | 이 자 수 익 | 200,000원 | 급   여 | 450,000원 |
| 통   신   비 | 80,000원 | 수 도 광 열 비 | 60,000원 | 이 자 비 용 | 130,000원 |

손 익 계 산 서

강남상사 / 202×년 1월 1일부터 12월 31일까지 / 단위 : 원

비 용	금 액	수 익	금 액

06 김포상사의 다음 수익과 비용에 관한 자료이다. 손익계산서를 작성하시오.

상 품 매 출 이 익	500,000원	이 자 수 익	80,000원	잡 이 익	70,000원
급 여	350,000원	여 비 교 통 비	50,000원	보 험 료	80,000원
광 고 선 전 비	70,000원	세 금 과 공 과	140,000원		

손 익 계 산 서

김포상사 / 202×년 1월 1일부터 12월 31일까지 / 단위 : 원

비 용	금 액	수 익	금 액

07 다음 서울상사의 수익과 비용에 관한 자료에 의하여 손익계산서를 작성하시오.

상 품 매 출 이 익 (각자계산)		이 자 수 익	80,000원	임 대 료	70,000원
급 여	260,000원	보 험 료	40,000원	세 금 과 공 과	35,000원
여 비 교 통 비	80,000원	당 기 순 이 익	150,000원		

손 익 계 산 서

서울상사 / 202×년 1월 1일부터 12월 31일까지 / 단위 : 원

비 용	금 액	수 익	금 액

04 기업의 손익 계산

01 순손익의 측정

    기업은 일정 기간 동안 영업 활동의 결과 순이익 또는 순손실을 측정하여야 한다. 이러한 순손익의 측정 방법으로는 자본 유지 접근법(재산법)과 거래 접근법(손익법)이 있다.

02 순손익의 측정 방법

(1) **자본 유지 접근법(재산법)** : 기업의 기말 자본과 기초 자본을 비교하여 순손익을 측정하는 방법

자본 유지 접근법(재산법) 등식 ……　　기말자본 − 기초자본 = 순이익
　　　　　　　　　　　　　　　　　　　　기초자본 − 기말자본 = 순손실

(2) **거래 접근법(손익법)** : 일정 기간의 수익 총액과 비용 총액을 비교하여 순손익을 측정하는 방법

거래 접근법(손익법) 등식 …………　　총수익 − 총비용 = 순이익
　　　　　　　　　　　　　　　　　　　　총비용 − 총수익 = 순손실

03 재무상태표와 손익계산서의 순손익 표시

(1) 당기순이익의 발생

재 무 상 태 표

서울상사　　202×년 12월 31일　　단위:원

자 산	금 액	부채 · 자본	금 액
기 말 자 산	200,000	기 말 부 채	70,000
		기 초 자 본	100,000
		당 기 순 이 익	30,000
	200,000		200,000

손 익 계 산 서

서울상사　　202×년 1월 1일부터 12월 31일까지　　단위:원

비 용	금 액	수 익	금 액
총 비 용	50,000	총 수 익	80,000
당 기 순 이 익	30,000		
	80,000		80,000

(2) 당기순손실의 발생

재 무 상 태 표

서울상사　　202×년 12월 31일　　단위:원

자 산	금 액	부채 · 자본	금 액
기 말 자 산	150,000	기 말 부 채	70,000
		기 초 자 본	100,000
		당 기 순 손 실	△20,000
	150,000		150,000

손 익 계 산 서

서울상사　　202×년 1월 1일부터 12월 31일까지　　단위:원

비 용	금 액	수 익	금 액
총 비 용	60,000	총 수 익	40,000
		당 기 순 손 실	20,000
	60,000		60,000

플러스Tip

▶ 재무상태표와 손익계산서의 당기순이익 또는 당기순손실 금액은 항상 일치하여야 한다.

01 다음 ( )안에 알맞은 말을 써 넣으시오.

(1) 당기순손익은 ( ) 또는 ( )을 말한다.

(2) 자본 유지 접근법(재산법)으로서의 순손익 계산 등식은 다음과 같다.
  ① 순이익 = ( ) − ( )   ② 순손실 = ( ) − ( )

(3) 거래 접근법(손익법)으로서의 순손익 계산 등식은 다음과 같다.
  ① 순이익 = ( ) − ( )   ② 순손실 = ( ) − ( )

(4) 기업의 영업 활동의 결과 당기순이익이 발생하면 자본금이 ( )되고, 당기순손실이 발생하면 자본금이 ( )된다.

(5) 당기순이익이 발생하면 손익계산서 ( )변에, 당기순손실이 발생하면 손익계산서 ( )변에 기입한다.

(6) 재무상태표와 손익계산서의 당기순손익 금액은 반드시 ( )하여야 한다.

02 다음 표의 빈 칸에 알맞은 금액을 써 넣으시오. (단, ‘—’는 순손실 표시이다.)

No.	기 초 자 본	기 말 자 본	당 기 순 손 익
(1)	820,000	1,020,000	(①)
(2)	2,000,000	(②)	500,000
(3)	(③)	850,000	− 150,000

03 다음 표의 빈 칸에 알맞은 금액을 써 넣으시오. (단, ‘—’는 순손실 표시이다.)

No.	총 수 익	총 비 용	당 기 순 손 익
(1)	500,000	350,000	(①)
(2)	800,000	(②)	200,000
(3)	(③)	1,000,000	− 80,000

04 다음 표의 빈 칸에 알맞은 금액을 써 넣으시오. (단, ‘—’는 순손실 표시이다.)

No.	기초자본	기말자본	총 수 익	총 비 용	당 기 순 손 익
(1)	80,000	100,000	55,000	35,000	( )
(2)	120,000	150,000	( )	20,000	( )
(3)	70,000	( )	80,000	65,000	( )
(4)	( )	650,000	350,000	( )	50,000
(5)	( )	250,000	( )	80,000	− 20,000

설악상사의 다음 자료들을 보고, 기초 재무상태표와 기말 재무상태표 및 손익계산서를 작성하고, 물음에 알맞은 답을 기입하시오.

(1) 202×년 1월 1일 (기초)의 재무상태

현　　　　금	200,000원	당 좌 예 금	200,000원	단 기 매 매 증 권	300,000원
외 상 매 출 금	250,000원	단 기 대 여 금	150,000원	상　　　　품	500,000원
건　　　　물	1,000,000원	단 기 차 입 금	300,000원	지 급 어 음	150,000원
외 상 매 입 금	450,000원	장 기 차 입 금	200,000원		

(2) 202×년 12월 31일 (기말)의 재무상태

현　　　　금	350,000원	당 좌 예 금	250,000원	단 기 매 매 증 권	300,000원
외 상 매 출 금	300,000원	단 기 대 여 금	100,000원	상　　　　품	600,000원
건　　　　물	1,500,000원	단 기 차 입 금	250,000원	지 급 어 음	200,000원
외 상 매 입 금	650,000원	장 기 차 입 금	700,000원		

(3) 202×년 1월 1일 부터 202×년 12월 31일 까지 발생한 수익과 비용

상 품 매 출 이 익	450,000원	이 자 수 익	80,000원	잡 이 익	70,000원
급　　　　여	280,000원	보 험 료	120,000원	소 모 품 비	30,000원
통 신 비	50,000원	여 비 교 통 비	20,000원		

재 무 상 태 표 (기초)

설악상사　　202×년 1월 1일　　단위:원

자　　산	금　　액	부채 · 자본	금　　액

재 무 상 태 표 (기말)

설악상사　　202×년 12월 31일　　단위:원

자　　산	금　　액	부채 · 자본	금　　액

손 익 계 산 서

설악상사　202×년 1월 1일부터 12월 31일까지　단위:원

비　　용	금　　액	수　　익	금　　액

【물음】

(1) 기초 자산총액은 얼마인가? ……(₩　　　　)

(2) 기초 부채총액은 얼마인가? ……(₩　　　　)

(3) 기초 자본금은 얼마인가? ………(₩　　　　)

(4) 기말 자산총액은 얼마인가? ……(₩　　　　)

(5) 기말 부채총액은 얼마인가? ……(₩　　　　)

(6) 기말 자본금은 얼마인가? ………(₩　　　　)

(7) 총수익은 얼마인가? ……………(₩　　　　)

(8) 당기순이익은 얼마인가? ………(₩　　　　)

06 강원상사는 202×년 1월 1일에 현금 500,000원을 출자하여 영업을 시작한 결과 202×년 12월 31일의 재무상태와 기간 중의 수익과 비용은 다음과 같다. 202×년 12월 31일의 재무상태표와 손익계산서를 작성하시오.

12월 31일의 재무 상태

현 금	300,000원	당 좌 예 금	200,000원	단 기 매 매 증 권	400,000원
외 상 매 출 금	350,000원	상 품	450,000원	건 물	500,000원
외 상 매 입 금	650,000원	지 급 어 음	400,000원	단 기 차 입 금	600,000원

기간 중의 수익과 비용

상 품 매 출 이 익	350,000원	이 자 수 익	40,000원	임 대 료	20,000원
급 여	160,000원	여 비 교 통 비	20,000원	통 신 비	50,000원
광 고 선 전 비	100,000원	잡 비	30,000원		

재 무 상 태 표

강원상사　　　　202×년 12월 31일　　　　단위:원

자 산	금 액	부채 · 자본	금 액

손 익 계 산 서

강원상사　　202×년 1월 1일부터 12월 31일까지　　단위:원

비 용	금 액	수 익	금 액

기출 확인 문제

1. 다음 자료에 의한 기말부채(가)와 기말자본금(나)을 계산하면 얼마인가? 【제103회, 제100회, 제91회, 88회】

• 기초자산	600,000원	• 기말자산	800,000원	• 기초부채	200,000원
• 총수익	900,000원	• 총비용	700,000원		

① (가) 600,000원 (나) 200,000원　　　　② (가) 200,000원 (나) 600,000원
③ (가) 400,000원 (나) 300,000원　　　　④ (가) 600,000원 (나) 300,000원

2. 다음 자료에서 기초자본과 총수익은 얼마인가? 【제70회, 72회, 74회, 79회, 80회, 84회, 97회】

기초자본	기말자산	기말부채	기말자본	총수익	총비용	당기순이익
	550,000원	250,000원			200,000원	80,000원

① 기초자본 210,000원, 총수익 270,000원　　② 기초자본 220,000원, 총수익 270,000원
③ 기초자본 220,000원, 총수익 280,000원　　④ 기초자본 210,000원, 총수익 280,000원

1. 다음은 회계의 개념에 대한 토론 학습 장면이다. 바르게 설명하고 있는 학생을 있는 대로 고른 것은?

① 철수, 영희   ② 철수, 하늘   ③ 인호, 하늘

④ 영희, 인호   ⑤ 하늘, 영희

2. 다음의 대화에서 ○○(주)의 재무팀장이 거래 은행의 대출 담당 과장에게 추가로 제출할 재무제표로 가장 적절한 것은? (단, 일반기업회계기준을 적용한다.)

① 재무상태표   ② 자본변동표   ③ 현금흐름표

④ 손익계산서   ⑤ 이익잉여금처분계산서

3. 다음 대화는 개인기업인 ○○상사의 회계 담당자가 결산 시 재무상태를 사장에게 보고하는 내용이다. 사장의 질문에 대한 회계 담당자의 답변으로 옳은 것은? (단, 제시된 자료 외에는 고려하지 않는다.)

① 당기순손실 ₩50,000입니다.
② 당기순이익 ₩50,000입니다.
③ 당기순이익 ₩150,000입니다.
④ 당기순손실 ₩250,000입니다.
⑤ 당기순이익 ₩250,000입니다.

4. 다음 글을 읽고 영철이네 아이스크림가게의 기초 자본과 당기순이익을 계산하면 얼마인가?

> 영철이는 202×년 1월 1일 그 동안 모아둔 자금으로 아이스크림 가게를 개업하였다. 그는 판매 전략을 수립하고 가게를 성실하게 운영하였다. 그 결과 202×년 1월 1일부터 12월 31일까지 수익 총액 240,000 원, 비용 총액 180,000원이 발생하였다. 회계 기간 말인 202×년 12월 31일 현재를 기준으로 이 가게의 자산 총액은 420,000원, 부채 총액은 180,000원으로 나타났다.

	기초자본	당기순이익
①	140,000원	20,000원
②	180,000원	20,000원
③	180,000원	60,000원
④	240,000원	60,000원
⑤	140,000원	60,000원

회계 와 Business

회계 정보는 사회적으로 약속된 소통 방법이다.

얼마 전 인기 TV프로그램 [짝]에 출연한 28세의 여자 5호가 화제를 불러 일으킨 적이 있다. 지각을 했으면서 기사 딸린 고급 승용차를 타고 온 그녀가 "해운회사 회장의 외동딸입니다. 앞으로 아버지의 뒤를 이어 회사를 맡고 싶습니다"라고 소개하자 남성 출연자들의 태도가 바뀌었다. 그녀의 지각을 비난하던 남자들은 어느새 "웃는 모습이 너무 예쁘다. 바라는 것 없이 그냥 잘해주고 싶다"며 칭찬을 늘어놨다. 또 여자 5호의 눈에 들기 위해 애정촌을 열심히 청소하기도 했다. 방송을 본 네티즌들은 "사람이 어쩜 저렇게 갑자기 바뀌나", "역시 돈이

- 출처 : SBS 홈페이지 -

라면", "솔직히 여자의 배경을 보면 나라도 그럴 거다"라며 뜨거운 반응을 보였다.

필자가 이 게시판에 댓글을 단다면 이렇게 올릴 것 같다. '혹시 그 해운회사의 재무제표를 보셨나요? 자산이 500억 원인데, 부채가 1,000억 원이면 어쩌지요?' 물론 그 회사의 재무제표가 엉망이라는 뜻은 아니다. 하지만 배우자든, 회사든, 눈에 보이는 것이 좋다고 해서 확인도 안 하고 덥석 붙들었다가는 큰 코 다칠 수 있다.

회계가 자본 자원의 효율적 배분에 기여한다고는 하지만, 막상 회계 정보를 접해도 이 회사와 정말 거래를 해도 될 지, 투자를 해도 되는지, 내가 입사를 해도 될 지 의문이 들 때가 많다. '지금 잘 나가는 회사는 ○○회사입니다. 왜냐하면 올해 순이익을 100억 원이나 달성했거든요' 라고 회계 용어를 써서 이야기해도 그렇다. 왜냐하면 한 가지 단순한 회계 정보만 가지고 재무상태나 경영성과를 판단할 수 없고, 그 정보가 진실된 정보인지도 모르는 일이기 때문이다.
그래서 회계가 진정으로 가치를 지니기 위해서는 정보 제공자가 사회적 약속에 맞는 회계 정보를 제공하고, 정보이용자 또한 기본적인 회계 상식을 가지고 있어야 하는 것이다.

출처 : 〈지금 당장 회계 공부 시작하라〉 - 강대준, 신홍철 저 (한빛비즈) -

Chapter 02 회계의 순환 과정

    기업이 현금의 차입, 건물이나 비품의 구입, 상품의 매입과 매출 등과 같은 경영 활동을 하게 되면 자산 · 부채 · 자본이 증가 · 감소하거나 수익과 비용이 발생하는데 이와 같이 기업의 경영 활동에서 자산 · 부채 · 자본 · 수익 · 비용의 증감 변화를 일으키는 것을 회계상의 거래라고 한다.

    이러한 거래의 발생에서부터 재무제표를 작성하기까지 일련의 과정이 일정한 주기로 반복되는데 이를 회계 순환 과정이라고 한다. 회계 순환 과정은 기업의 회계담당자가 기업의 재무상태와 경영성과를 파악하기 위하여 기업 내에서 발생한 모든 거래를 인식하고 측정, 요약하여 재무제표가 작성되기까지의 일련의 회계 처리 과정을 의미한다.

이 영역에서는 거래의 개념과 거래 요소의 결합 관계, 거래의 분개 방법과 계정 기입 방법을 이해하고 표현하며, 결산의 절차를 이해하고 장부의 마감 및 재무제표 작성 방법을 학습하기로 한다.

결산은 재무회계의 '끝판 왕'

일본 프로 야구 라쿠텐의 노무라 가스야 명예 감독은 우승팀의 10대 조건을 꼽으면서 '절대적인 마무리 투수의 존재'를 가장 처음으로 거론했다. 한국의 이광환 감독도 LG트윈스 시절 우승팀의 5가지 조건 가운데 하나로 '뛰어난 마무리'를 언급한 바 있다. 현대 야구에서는 그만큼 마무리 역량이 팀 성적에 큰 영향을 끼친다는 얘기다.

실제로 1990년대 이후 국내 프로 야구를 살펴보면 우승팀에는 늘 리그 최정상급의 마무리 투수가 버티고 있었다. 2012년 한국시리즈 우승에 이어 2013년에도 정규리그 우승을 거머쥔 삼성 라이온즈에도 역시 '특급 마무리' 혹은 '끝판 왕'이라 불리는 오승환 선수가 있었다.

야구에서 경기를 끝내는 마무리 투수를 영어로는 클로저(Closer)라고 부른다. 재무회계에서도 마무리 투수 역할과 같은 절차가 있는데, 이것을 결산(決算, Closing)이라고 부른다. 한자(漢字)로는 말 그대로 '셈을 마무리한다.'라는 의미이다.

출처 : 〈지금 당장 회계 공부 시작하라〉 - 강대준, 신홍철 저 (한빛비즈) -

Accounting Principle

이 거 래

【 NCS 연결고리 】

능력 단위	전표 관리 (0203020109_14v2)	능력 단위 요소 (수준)	회계상 거래 인식하기(0203020101_14v2.1)(3수준)
영역과의 관계	회계상의 거래를 인식하여, 거래의 결합 관계를 통해 거래의 종류를 파악하고 거래의 이중성에 따라서 기입된 내용의 분석을 통해 대차 평균의 원리를 이해하는데 도움이 될 것이다.		

01 거래(去來 : transaction)의 뜻

기업의 경영 활동에 의하여 자산·부채·자본에 증감 변화를 일으키는 모든 현상을 회계에서는 거래라 한다. 또한 수익·비용의 발생도 자본의 증감을 일으키는 요소이므로 회계상의 거래이다.

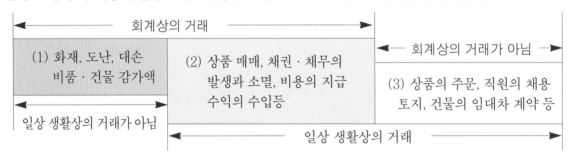

기출 확인 문제

1. 다음 중 회계상 거래를 모두 고른 것은? 【제107회, 제92회, FAT 제42회】

> 영미실업은 ㉠ 종업원을 추가로 채용하고 근로계약서를 작성하다. ㉡ 건물을 추가로 사용하기 위해 임대차계약을 체결하였으며 ㉢ 영업용 자동차 1대를 현금으로 매입하였다. 또한, ㉣ 1천만 원의 상품을 추가로 주문하였고, ㉤ 당사 데이터센터의 화재로 서버용 PC가 소실되다.

① ㉢, ㉤   ② ㉠, ㉣   ③ ㉠, ㉡   ④ ㉣, ㉤

02 거래의 8요소 결합 관계

회계상의 모든 거래는 자산의 증가와 감소, 부채의 증가와 감소, 자본의 증가와 감소 및 수익의 발생과 비용의 발생이라는 8개의 요소로 구성되는데 이것을 거래의 8요소 결합 관계라 한다.

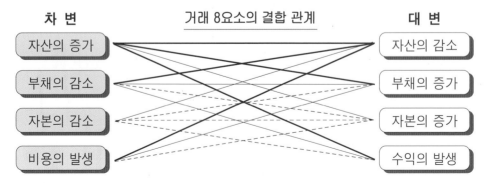

'——' 선은 많이 발생하는 거래, '——' 선은 비교적 적은 거래, '----' 선은 거의 발생하지 않는 거래

알쏭? 달쏭?

➡ 거래가 회계 등식(자산 = 부채 + 자본)에 어떤 영향을 미치나요?

계약의 체결이나 물품의 주문 등은 기업의 재무상태에 영향을 주지 않기 때문에 회계상의 거래로 취급하지 않는다. 따라서 회계상의 거래가 되기 위해서는 그 거래가 기업의 자산·부채·자본에 영향을 주어야 하고, 그 영향이 객관적으로 측정 가능하여야 한다. 그러므로, 회계상의 거래는 '자산 = 부채 + 자본'이라는 회계 등식에서 한개 이상의 요소에 영향을 주게 되는 것이다.

03 거래의 이중성(二重性)

회계상의 모든 거래는 그 발생이 반드시 차변 요소와 대변 요소가 대립되어 성립하며, 양쪽에 같은 금액으로 이중으로 기입되는데, 이것을 거래의 이중성이라 한다

04 거래의 종류

회계상의 거래를 손익의 발생을 기준으로 분류하면 교환거래, 손익거래, 혼합거래로 나눌 수 있다.

(1) 교환거래 : 자산·부채·자본의 증가와 감소만 발생하는 거래로서 기업의 손익에 영향을 주지 않는 거래

【 교환거래의 예제 】

① 상품을 매입하고 대금은 현금으로 지급하다.
② 현금을 빌려오다.
③ 현금을 출자하여 영업을 개시하다.

(2) 손익거래 : 거래의 총액이 수익이나 비용이 발생하는 거래

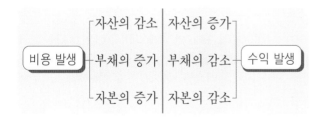

【 손익거래의 예제 】

① 종업원 급여를 현금으로 지급하다.
② 전화요금을 현금으로 지급하다.
③ 임대료를 현금으로 받다.

(3) 혼합거래 : 하나의 거래 중에서 교환거래와 손익거래가 동시에 발생하는 거래

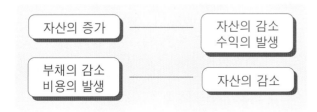

【 혼합거래의 예제 】

① 상품 원가 100원을 120원에 매출하고 대금은 현금으로 받다.
② 단기차입금 200원과 그에 대한 이자 5원을 현금으로 지급하다.

【 거래 8요소의 결합 관계에 대한 거래 내용 】

거래 8요소의 결합 관계		거 래 의 내 용
자산의 증가	자산의 감소	상품을 매입하고 대금은 현금으로 지급하다.
	부채의 증가	상품을 매입하고 대금은 외상으로 하다.
	자본의 증가	현금을 출자하여 영업을 시작하다.
	수익의 발생	이자를 현금으로 받다.
부채의 감소	자산의 감소	차입금을 현금으로 지급하다.
	부채의 증가	외상매입금을 약속어음 발행하여 지급하다.
	자본의 증가	회사의 차입금을 기업주가 대신 갚아주다.
	수익의 발생	차입금을 면제받다.
자본의 감소	자산의 감소	기업주가 개인용으로 현금을 인출해 가다.
	부채의 증가	기업주 개인의 부채를 회사의 부채로 하다.
	자본의 증가	갑의 출자금을 을의 출자금으로 변경하다.
	수익의 발생	사무실의 임대료를 받아 기업주가 개인적으로 사용하다.
비용의 발생	자산의 감소	종업원의 급여를 현금으로 지급하다.
	부채의 증가	차입금의 이자를 원금에 가산하다.
	자본의 증가	종업원의 급여를 기업주가 회사 대신 지급하다.
	수익의 발생	사무실의 임대료를 받아 광고료를 지급하다.

기출 확인 문제

2. 다음의 거래 결합 관계에서 성립할 수 없는 것은?

【제107회, 제99회, 제95회, 73회, FAT 제41회】

① (차) 자산 증가 　(대) 자산 감소
② (차) 자본 감소 　(대) 자산 증가
③ (차) 부채 감소 　(대) 수익 발생
④ (차) 자산 증가 　(대) 수익 발생

3. 다음 거래에 대한 결합 관계를 바르게 나타낸 것은? 【제71회, 74회】

> 단기차입금 200,000원을 현금으로 지급하다.

① 자산의 증가 – 자산의 감소
② 비용의 발생 – 자산의 감소
③ 부채의 감소 – 자산의 감소
④ 부채의 감소 – 부채의 증가

4. 다음의 내용이 설명하는 것으로 옳은 것은? 【제68회】

> 자산·부채·자본이 증감하는 거래에 있어 차변에
> 발생한 거래는 반드시 대변에도 같은 금액의 거래
> 가 발생하여 이중으로 기입하게 된다.

① 거래의 이중성 　　② 거래의 8요소
③ 대차 평균의 원리 　④ 유동성 배열법

5. 다음과 같은 거래의 결합 관계와 거래의 종류로 이루어진 거래는? 【제105회, 제91회, 64회, 77회】

거래의 결합 관계	거래의 종류
(차변) 자산의 증가 (대변) 부채의 증가	교환거래

① 업무용 컴퓨터 1,500,000원을 구입하고 대금은 나중에 지급하기로 하다.
② 거래처로부터 외상매출금 500,000원을 현금으로 받다.
③ 거래처에 외상매입금 1,000,000원을 현금으로 지급하다.
④ 이자비용 150,000원을 현금으로 지급하다.

6. 다음 중 거래의 종류를 연결한 것으로 틀린 것은?

【제84회】

① 이자수익 10,000,000원을 현금으로 받다. – 손익거래
② 영업용 비품을 1,000,000원에 구입하고 대금은 현금으로 지급하다. – 교환거래
③ 보험료 2,000,000원을 현금으로 지급하다. – 손익거래
④ 영업용 건물을 10,000,000원에 구입하고 대금 중 일부는 현금으로 지급하고, 나머지 잔액은 나중에 지급하기로 하다. – 혼합거래

기본연습문제

01 다음 빈 란에 알맞은 용어를 표시하시오.

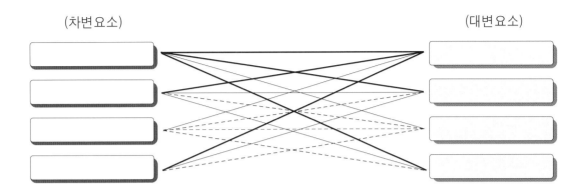

(차변요소) (대변요소)

02 다음 거래 중 회계상의 거래는 ○표, 아닌 것은 ×표를 (   )안에 표기하시오.

(1) 화재로 인하여 건물 2,000,000원이 소실되다. ·· (   )

(2) 한국상사에서 상품 500,000원을 외상으로 매입하다. ·· (   )

(3) 급여 800,000원을 주기로 하고 종업원 1명을 채용하다. ·· (   )

(4) 창고에 보관 중인 상품 200,000원을 도난 당하다. ··· (   )

(5) 건물을 월세 300,000원을 주기로 하고 1년간 임대·차 계약을 맺다. ·················· (   )

(6) 현금 1,000,000원을 출자하여 상품 매매업을 시작하다. ·· (   )

(7) 광화문상사에 상품 450,000원을 주문하다. ·· (   )

(8) 세무은행에서 현금 5,000,000원을 2년간 차입하다. ·· (   )

(9) 거래처의 파산으로 매출채권 250,000원이 회수불능(대손)되다. ··························· (   )

(10) 한공상사에서 현금 800,000원을 차입하기로 약속하다. ·· (   )

(11) 결산 시 영업용 건물, 비품에 대하여 200,000원의 감가상각을 하다. ··············· (   )

(12) 상품 200,000원을 매출하고, 대금은 1개월 후 받기로 약속하다. ······················ (   )

(13) 신제품 발명을 위해 연봉 1억원의 전문가를 초빙하다. ··· (   )

(14) 지진으로 인한 이재민 돕기 성금을 한국적십자회에 현금 1,000,000원을 기부하다. ······ (   )

(15) 상품 2,000,000원을 창고회사에 보관시키다. ·· (   )

(16) 은행 차입금에 대한 담보물로서 건물 5,000,000원을 제공하다. ·························· (   )

(17) 영업용 책상, 의자, 컴퓨터 등을 3,000,000원에 구입하고 대금은 나중에 주기로 하다. ··· (   )

(18) 이달분 신문구독료 8,000원을 현금으로 지급하다. ··· (   )

(19) 거래처 A상사에 현금 800,000원을 대여하다. ·· (   )

(20) 강릉상사로부터 상품 500,000원을 주문받다. ·· (   )

03 다음 거래의 결합 관계와 거래의 종류를 보기와 같이 표시하시오.

> **보기** ▶ 영업용 건물 5,000,000원을 구입하고, 대금은 현금으로 지급하다.

(1) 대구상사에서 상품 300,000원을 매입하고, 대금은 현금으로 지급하다.
(2) 영업용 비품 120,000원을 구입하고, 대금은 현금으로 지급하다.
(3) 마포상사에서 상품 500,000원을 매입하고, 대금은 외상으로 하다.
(4) 영업용 컴퓨터 2,000,000원을 구입하고, 대금은 수표를 발행하여 지급하다.
(5) 부산상사에서 상품 1,000,000원을 매입하고, 대금 중 600,000원은 현금으로 지급하고, 잔액은 외상으로 하다.

No.	차 변 요 소	대 변 요 소	거 래 의 종 류
보기	자산의 증가	자산의 감소	교 환 거 래
(1)			
(2)			
(3)			
(4)			
(5)			

04 다음 거래의 결합 관계와 거래의 종류를 표시하시오.

(1) 상품 300,000원을 매출하고, 대금은 현금으로 받다.
(2) 상품 500,000원을 매출하고, 대금은 외상으로 하다.
(3) 사용 중이던 영업용 비품 200,000원을 매각처분하고, 대금은 1주일 후에 받기로 하다.
(4) 상품 800,000원을 매출하고, 대금 중 반액은 현금으로 받고, 잔액은 외상으로 하다.
(5) 영업용 건물 2,500,000원을 매각처분하고, 대금은 월말에 받기로 하다.
(6) 상품 200,000원을 매출하고 대금은 자기앞수표로 받다.

No.	차 변 요 소	대 변 요 소	거 래 의 종 류
(1)			
(2)			
(3)			
(4)			
(5)			
(6)			

다음 거래의 결합 관계와 거래의 종류를 표시하시오.

(1) 현금 500,000원을 출자하여 상품 매매업을 시작하다.

(2) 현금 800,000원과 상품 400,000원을 출자하여 영업을 개시하다.

(3) 현금 1,000,000원, 상품 500,000원, 건물 2,000,000원으로 영업을 시작하다.

(4) 현금 2,000,000원을 차입하여 영업을 개시하다.

(5) 현금 1,500,000원(차입금 500,000원 포함)으로 상품매매업을 개업하다.

No.	차 변 요 소	대 변 요 소	거 래 의 종 류
(1)			
(2)			
(3)			
(4)			
(5)			

 다음 거래의 결합 관계와 거래의 종류를 표시하시오.

(1) 현금 300,000원을 거래처 A상점에 대여하다.

(2) 단기대여금 300,000원을 현금으로 회수하다.

(3) 외상매출금 250,000원을 현금으로 회수하다.

(4) 미수금 80,000원을 현금으로 회수하다.

(5) 받을어음 대금 500,000원을 만기일이 되어 현금으로 회수하다.

No.	차 변 요 소	대 변 요 소	거 래 의 종 류
(1)			
(2)			
(3)			
(4)			
(5)			

 다음 거래의 결합 관계와 거래의 종류를 표시하시오.

(1) 거래처 광주상사에서 현금 300,000원을 차입하다.

(2) 단기차입금 300,000원을 현금으로 갚다.

(3) 외상매입금 450,000원을 현금으로 지급하다.

No.	차 변 요 소	대 변 요 소	거 래 의 종 류
(1)			
(2)			
(3)			

08 다음 거래의 결합 관계와 거래의 종류를 보기와 같이 표시하시오.

> **보기** ▶ 한국일보에 신문광고료 350,000원을 현금으로 지급하다.

(1) 종업원 급여 580,000원을 현금으로 지급하다.

(2) 건물에 대한 화재보험료 200,000원을 현금으로 지급하다.

(3) 문화일보 신문구독료 15,000원을 현금으로 지급하다.

(4) 자동차세 280,000과 상공회의소 회비 50,000원을 현금으로 지급하다.

(5) 단기차입금에 대한 이자 5,000원을 현금으로 지급하다.

(6) 임차료 300,000원을 현금으로 지급하다.

(7) 금고에 보관 중이던 현금 2,000,000원을 도난당하다.

(8) 우표 및 엽서대금 80,000원을 현금으로 지급하다.

(9) 단기대여금에 대한 이자 30,000원을 현금으로 받다.

(10) 점포 임대료 250,000원을 현금으로 받다.

(11) 상품 판매를 알선하고, 중개수수료 50,000원을 현금으로 받다.

(12) 은행예금에 대한 이자 15,000원을 현금으로 받다.

No.	차 변 요 소	대 변 요 소	거 래 의 종 류
보기	비용의 발생	자산의 감소	손 익 거 래
(1)			
(2)			
(3)			
(4)			
(5)			
(6)			
(7)			
(8)			
(9)			
(10)			
(11)			
(12)			

09 다음 거래의 결합 관계와 거래의 종류를 보기와 같이 표시하시오.

> **보기** ▶상품 원가 100,000원을 120,000원에 매출하고, 대금은 현금으로 받다.

(1) 상품 원가 350,000원을 400,000원에 매출하고, 대금은 수표로 받다.

(2) 상품 500,000원(원가 420,000원)을 외상매출하다.

(3) 상품 원가 120,000원을 150,000원에 매출하고, 대금은 약속어음으로 받다.

(4) 단기대여금 500,000원과 그 이자 20,000원을 현금으로 회수하다.

(5) 단기차입금 300,000원과 그 이자 10,000원을 현금으로 지급하다.

(6) 상품 원가 800,000원을 600,000원에 매출하고, 대금은 현금으로 받다.

No.	차 변 요 소	대 변 요 소	거 래 의 종 류
보기	자산의 증가	자산의 감소 수익의 발생	혼 합 거 래
(1)			
(2)			
(3)			
(4)			
(5)			
(6)			

⑩ 다음 거래 중 교환거래는 '교', 손익거래는 '손', 혼합거래는 '혼' 이라고 (   )안에 표시하시오.

(1) 현금 500,000원을 출자하여 영업을 시작하다. ……………………………………… (   )

(2) 외상매입금 250,000원을 수표를 발행하여 지급하다. ………………………………… (   )

(3) 전화요금 80,000원과 수도요금 20,000원을 은행에 현금으로 납부하다.………………… (   )

(4) 원가 200,000원의 상품을 250,000원에 외상매출하다. …………………………… (   )

(5) 외상매출금 250,000원을 현금으로 회수하다. ……………………………………… (   )

(6) 단기대여금에 대한 이자 5,000원을 현금으로 받다. ………………………………… (   )

(7) 단기차입금 300,000원과 이자 7,000원을 현금으로 지급하다. ……………………… (   )

(8) 상품 80,000원을 매입하고, 대금 중 50,000원은 현금으로 지급하고, 잔액은 외상으로 하다. …… (   )

(9) 현금 200,000원을 은행에 당좌예금으로 예입하다. ………………………………… (   )

능력 단위 요소	자가 진단 내용	문 항 평 가				
		매우 미흡	미흡	보통	우수	매우 우수
회계상 거래 인식하기 (0203020101_14v2.1) (3수준)	1. 나는 회계상 거래를 인식하기 위하여 회계상 거래와 일상생활에서의 거래를 구분할 수 있다.	①	②	③	④	⑤
	2. 나는 회계상 거래를 구성 요소별로 파악하여 거래의 결합 관계를 차변 요소와 대변 요소로 구분할 수 있다.	①	②	③	④	⑤
	3. 나는 회계상 거래의 결합 관계를 통해 거래 종류별로 구분하여 파악할 수 있다.	①	②	③	④	⑤

02 계 정

01 계정(計定 : account, a/c)의 뜻

거래가 발생하면 자산·부채·자본의 증감 변화와 수익과 비용이 발생하게 되는데, 이러한 증감 변화를 구체적으로 기록·계산·정리하기 위하여 설정되는 단위를 계정(account a/c)이라 하고, 현금 계정 등과 같이 계정에 붙이는 이름을 계정과목이라 하고, 계정의 기입 장소를 계정계좌라 한다.

(차 변)	현 금	(대 변)
계 정 계 좌		계 정 계 좌

02 계정의 분류

재무상태표 계정	자 산 계 정	… 현금, 당좌예금, 단기대여금, 외상매출금, 상품, 건물 등
	부 채 계 정	… 외상매입금, 지급어음, 단기차입금, 미지급금 등
	자 본 계 정	… 자본금
손익계산서 계정	수 익 계 정	… 상품매출이익, 이자수익, 수수료수익, 임대료 등
	비 용 계 정	… 급여, 여비교통비, 광고선전비, 임차료, 이자비용 등

03 계정의 형식

계정의 형식에는 표준식과 잔액식이 있으며, 회계의 학습을 편리하게 하기 위하여 표준식을 간단하게 변화시킨 T자형(약식)의 계정을 많이 사용한다.

(표준식 계정) **현 금** (1)

날 짜	적 요	분면	금 액	날 짜	적 요	분면	금 액

(잔액식 계정) **현 금** (1)

날 짜	적 요	분면	차 변	대 변	차·대	잔 액

T자형(약식)계정 **현 금** (1)

【 재무상태표 계정의 기입 방법 】

거래의 발생

(차변 요소)	자 산 계 정		(대변 요소)
자산의 증가 ➡	증 가 (+)	감 소 (-)	⬅ 자산의 감소

	부 채 계 정		
부채의 감소 ➡	감 소 (-)	증 가 (+)	⬅ 부채의 증가

	자 본 계 정		
자본의 감소 ➡	감 소 (-)	증 가 (+)	⬅ 자본의 증가

【 손익계산서 계정의 기입 방법 】

거래의 발생

(차변 요소)	비 용 계 정		(대변 요소)
비용의 발생 ➡	발 생 (+)	소 멸 (-)	⬅ 비용의 소멸

	수 익 계 정		
수익의 소멸 ➡	소 멸 (-)	발 생 (+)	⬅ 수익의 발생

 플러스Tip

1. **계정 잔액** : 한 계정의 차변에 기입된 금액을 합계하고, 또 대변에 기입된 금액을 합계한 다음 두 합계액의 차액을 구한 것을 계정 잔액이라 한다.
2. 자산, 비용에 속하는 계정은 그 증가 또는 발생을 차변에 기입하므로 계정 잔액이 차변에 나타나고, 부채, 자본, 수익에 속하는 계정은 그 증가 또는 발생을 대변에 기입하기 때문에 계정 잔액은 대변에 나타난다.

04 대차 평균의 원리(貸借 平均의 原理 : principle of equilibrium)

모든 거래는 반드시 어떤 계정의 차변과 다른 계정의 대변에 같은 금액을 기입(거래의 이중성)하므로, 아무리 많은 거래가 기입되더라도 계정 전체를 보면 차변 금액의 합계와 대변 금액의 합계는 반드시 일치하게 되는데, 이것을 대차 평균의 원리라 한다.(복식부기의 자기 관리 또는 자기 검증 기능)

기출 확인 문제

1. '거래를 분개 시 차변 금액과 대변 금액이 같으므로, 계정 전체의 차변 합계액과 대변 합계액이 일치해야 한다' 와 관련 있는 회계 용어는? 【제44회, 78회】

① 분개의 원리   ② 대차 평균의 원리   ③ 거래 요소의 결합   ④ 거래의 이중성

2. 다음에서 계정과목의 분류로 올바르지 않은 것은? 【제58회】

① 자산 : 현금, 상품매출, 건물
② 부채 : 외상매입금, 단기차입금
③ 자본 : 자본금
④ 비용 : 급여, 보험료, 광고선전비

3. 다음 계정과목 중 증가액이나 발생액이 대변에 나타나는 것은? 【제73회】

① 받을어음
② 차량운반구
③ 지급어음
④ 기부금

4. 다음 중 계정잔액의 표시로 옳지 않은 것은? 【제102회, 제96회 수정, 88회】

①

자 본 금	
	100,000원

②

토 지	
	100,000원

③

보 통 예 금	
100,000원	

④

외상매입금	
	100,000원

기 본 연 습 문 제

01 다음 계정과목 중 자산계정은 'A', 부채계정은 'L', 자본계정은 'C', 수익계정은 'R' 비용계정은 'E'를 ( ) 안에 써 넣으시오.

(1) 당 좌 예 금 (   )　　　(2) 외 상 매 입 금 (   )　　　(3) 외 상 매 출 금 (   )
(4) 급　　　여 (   )　　　(5) 이 자 수 익 (   )　　　(6) 세 금 과 공 과 (   )
(7) 현　　　금 (   )　　　(8) 지 급 어 음 (   )　　　(9) 자 본 금 (   )
(10) 상 품 매 출 이 익 (   )　　(11) 이 자 비 용 (   )　　(12) 임 차 료 (   )
(13) 임 대 료 (   )　　　(14) 받 을 어 음 (   )　　　(15) 비 품 (   )
(16) 미 지 급 금 (   )　　　(17) 미 수 금 (   )　　　(18) 수 수 료 수 익 (   )

02 다음 계정의 ( ) 안에 증가, 감소, 발생과 소멸을 써 넣으시오.

현　　　금		외 상 매 입 금		상　　　품	
( )	( )	( )	( )	( )	( )

자 본 금		상 품 매 출 이 익		급　　　여	
( )	( )	( )	( )	( )	( )

단 기 차 입 금		외 상 매 출 금		비　　　품	
( )	( )	( )	( )	( )	( )

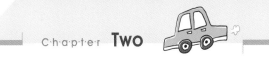

03 다음 계정과목 중 증가(발생)액이 차변에 기입되는 것은 '차', 대변에 기입되는 것은 '대' 를 (   )안에 써 넣으시오.

(1) 현　　　　금 (　　) 　(2) 외 상 매 입 금 (　　) 　(3) 자　본　금 (　　)
(4) 단 기 대 여 금 (　　) 　(5) 상 품 매 출 이 익 (　　) 　(6) 임　차　료 (　　)
(7) 수 수 료 수 익 (　　) 　(8) 단 기 차 입 금 (　　) 　(9) 외 상 매 출 금 (　　)
(10) 이 자 비 용 (　　) 　(11) 비　　　품 (　　) 　(12) 이 자 수 익 (　　)
(13) 단 기 예 금 (　　) 　(14) 지 급 어 음 (　　) 　(15) 받 을 어 음 (　　)

04 다음 계정과목 중 잔액이 차변에 나타나면 '차', 대변에 나타나면 '대' 를 (   )안에 써 넣으시오.

(1) 외 상 매 출 금 (　　) 　(2) 여 비 교 통 비 (　　) 　(3) 건　　　물 (　　)
(4) 현　　　금 (　　) 　(5) 단 기 차 입 금 (　　) 　(6) 자　본　금 (　　)
(7) 광 고 선 전 비 (　　) 　(8) 상 품 매 출 이 익 (　　) 　(9) 당 좌 예 금 (　　)
(10) 이 자 수 익 (　　) 　(11) 외 상 매 입 금 (　　) 　(12) 미　수　금 (　　)
(13) 임　차　료 (　　) 　(14) 수 수 료 수 익 (　　) 　(15) 비　　　품 (　　)
(16) 단 기 매 매 증 권 (　　) 　(17) 미 지 급 금 (　　) 　(18) 단 기 대 여 금 (　　)

05 다음 내용에 해당하는 알맞은 계정과목을 (   )안에 표시하시오.

(1) 지폐 및 주화, 통화대용증권(자기앞수표 등) …………………………………………… (　　)
(2) 은행에 당좌예입하거나 수표를 발행하였을 때 ………………………………………… (　　)
(3) 통화 및 자기앞수표 등 통화대용증권과 당좌예금·보통예금을 합한 것 …………… (　　)
(4) 만기가 1년 이내의 정기예금·정기적금을 가입한 경우 ……………………………… (　　)
(5) 주식, 사채 등을 단기시세차익을 목적으로 매입하였을 때 ………………………… (　　)
(6) 상품을 매출하고, 대금은 외상으로 하였을 때 ………………………………………… (　　)
(7) 상품을 매출하고, 대금은 약속어음으로 받았을 때 ………………………………… (　　)
(8) 상품이 아닌 건물, 토지 등을 매각처분하고, 대금은 월말에 받기로 하였을 때 ……… (　　)
(9) 현금을 타인에게 빌려주고, 차용증서를 받았을 때 …………………………………… (　　)
(10) 판매를 목적으로 외부로 부터 매입한 물품 …………………………………………… (　　)
(11) 영업용 책상, 의자, 금고, 응접세트, 컴퓨터 및 주변기기, 복사기 등을 구입하였을 때 …(　　)
(12) 영업에 사용할 목적으로 점포, 창고 등을 구입하였을 때 …………………………… (　　)
(13) 상품을 매입하고 대금은 외상으로 하였을 때 ………………………………………… (　　)
(14) 상품을 매입하고 대금은 약속어음을 발행하였을 때 ………………………………… (　　)
(15) 상품이 아닌 비품, 건물 등을 구입하고, 대금은 월말에 지급하기로 하였을 때 ……… (　　)
(16) 현금을 빌리고, 차용증서를 써 준 경우 ………………………………………………… (　　)

(17) 기업주가 출자한 현금이나 상품, 건물등 ·· (   )

(18) 상품을 원가이상으로 매출하고 생긴 이익 ·· (   )

(19) 단기대여금 또는 은행예금에서 얻어진 이자 ·· (   )

(20) 임대한 건물에 대한 월세를 받았을 때 ··· (   )

(21) 중개역할을 하고 중개수수료를 받았을 때 ·· (   )

(22) 폐품 등을 처분하고 생긴 이익금 또는 영업활동 이외에서 생기는 적은 이익금 ········ (   )

(23) 종업원 BTS진에게 월급을 지급하였을 때 ·· (   )

(24) 단기차입금에 대한 이자를 지급하였을 때 ·· (   )

(25) 사무실 월세를 지급하였을 때 ··· (   )

(26) 택시요금, 시내교통비를 지급하였을 때 ··· (   )

(27) 전화요금, 우표 및 엽서대금을 지급하였을 때 ·· (   )

(28) 전기요금, 수도요금, 가스료를 지급하였을 때 ·· (   )

(29) 사무용 장부, 볼펜, 복사용지 등을 구입하여 사용하였을 때 ································ (   )

(30) 재산세, 자동차세 및 상공회의소 회비를 지급하였을 때 ····································· (   )

(31) 화재보험료, 자동차 보험료를 지급하였을 때 ··· (   )

(32) JTBC방송에 TV광고료를 지급하였을 때 ··· (   )

(33) 신문구독료를 지급하였을 때 ·· (   )

(34) 상품 발송비 및 짐꾸리기 비용을 지급하였을 때 ··· (   )

06 다음 A항과 B항의 계정과목은 서로 반대 개념을 갖고 있다. 선으로 연결하시오.

< A 항 >	< B 항 >
(1) 외 상 매 출 금 •	• (ㄱ) 미 지 급 금
(2) 받 을 어 음 •	• (ㄴ) 지 급 어 음
(3) 미 수 금 •	• (ㄷ) 단 기 차 입 금
(4) 선 급 금 •	• (ㄹ) 외 상 매 입 금
(5) 단 기 대 여 금 •	• (ㅁ) 선 수 금
(6) 상 품 매 출 이 익 •	• (ㅂ) 이 자 비 용
(7) 임 대 료 •	• (ㅅ) 상 품 매 출 손 실
(8) 이 자 수 익 •	• (ㅇ) 수 수 료 비 용
(9) 수 수 료 수 익 •	• (ㅈ) 임 차 료

능력 단위 요소	회계상 거래 인식하기 (0203020101_14v2.1) (3수준)				
자가 진단 내용	나는 거래의 이중성에 따라서 기입된 내용의 분석을 통해 대차 평균의 원리를 파악할 수 있다.				
문항 평가	매우 미흡 ①	미흡 ②	보통 ③	우수 ④	매우 우수 ⑤

03 분개와 전기

01 분개(分介 : journalizing)**의 뜻** : 거래가 발생하면 각 계정에 기입하기 전의 준비 단계로서 거래를 차변 요소와 대변 요소로 구분하여 계정에 기입할 과목과 금액을 결정하는 것을 분개라 한다.

> 【 분개의 절차 】 ① 발생한 거래가 회계상의 거래인가를 확인한다.
> ② 거래 내용을 분석하여 차변 요소와 대변 요소로 나눈다.
> ③ 차변과 대변 요소에 대한 구체적인 계정과목을 정한다.
> ④ 각 계정에 기입될 금액을 결정한다.

02 전기(轉記 : posting) : 분개한 것을 계정에 옮겨 적는 절차를 전기라 한다.

> 【 전기의 절차 】 ① 해당 계정을 찾아 분개된 차변 금액은 해당 계정 차변에 기입하고, 대변 금액은 해당 계정 대변에 기입한다.
> ② 날짜를 기입한다.
> ③ 상대편 계정과목을 기입한다. (단, 상대편 계정과목이 둘 이상 이면 '제좌' 라고 기입한다.)

【 분개와 전기의 보기 】

| 거 래 | 3월 5일 : 영업용 비품 80,000원을 구입하고, 대금은 현금으로 지급하다. |

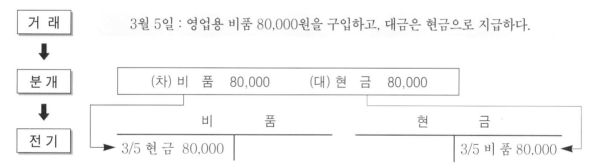

【 상대 계정과목이 2개 이상인 경우 】

| 거 래 | 3월 8일 : 상품 50,000원(원가 48,000원)을 매출하고 대금은 현금으로 받다. |

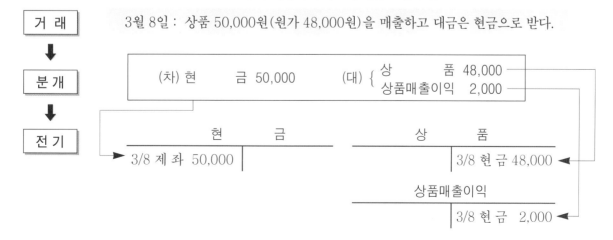

기본연습문제

01 다음 거래를 분개하시오.

> (차) 자 산 의 증 가   (대) 자 산 의 감 소

(1) 영업용 비품 80,000원을 구입하고, 대금은 현금으로 지급하다.
(2) 서울상사에서 상품 200,000원을 매입하고, 대금은 현금으로 지급하다.
(3) 상품 150,000원을 원가로 매출하고, 대금은 현금으로 받다.
(4) 상품 350,000원을 원가로 매출하고, 대금은 외상으로 하다.
(5) 사용 중이던 영업용 비품 50,000원을 매각처분하고, 대금은 월말에 받기로 하다.
(6) 외상매출금 250,000원을 현금으로 회수하다.
(7) 현금 420,000원을 은행에 당좌예입하다.
(8) 거래처 남문상사에 현금 300,000원을 대여하다.
(9) 거래은행에 10개월 만기의 정기예금을 가입하고, 현금 2,000,000원을 예탁하다.

No.	차 변 과 목	금 액	대 변 과 목	금 액
(1)				
(2)				
(3)				
(4)				
(5)				
(6)				
(7)				
(8)				
(9)				

02 다음 거래를 분개하시오.

> (차) 자 산 의 증 가   (대) 부 채 의 증 가

(1) 대한상사에서 상품 150,000원을 매입하고, 대금은 외상으로 하다.
(2) 현금 200,000원을 차입하다.
(3) 영업용 책상, 의자 120,000원을 구입하고, 대금은 월말에 지급하기로 하다.
(4) 상품 500,000원을 매입하고, 대금은 약속어음을 발행하여 지급하다.
(5) 영업용 컴퓨터 800,000원을 구입하고, 대금은 외상으로 하다.
(6) 현금 600,000원을 차입하여 영업을 시작하다.

No.	차 변 과 목	금 액	대 변 과 목	금 액
(1)				
(2)				
(3)				
(4)				
(5)				
(6)				

다음 거래를 분개하시오.

(차) 자 산 의 증 가	(대) 자 본 의 증 가

(1) 현금 500,000원을 출자하여 영업을 개시하다.
(2) 현금 800,000원, 상품 200,000원을 출자하여 영업을 시작하다.
(3) 현금 600,000원, 상품 400,000원, 건물 1,000,000원을 출자하여 상품매매업을 개업하다.

No.	차 변 과 목	금 액	대 변 과 목	금 액
(1)				
(2)				
(3)				

 다음 거래를 분개하시오.

(차) 자 산 의 증 가	(대) 수 익 의 발 생

(1) 점포에 대한 월세 150,000원을 현금으로 받다.
(2) 이자 20,000원을 현금으로 받다.
(3) 상품 매출을 알선하고, 중개수수료 50,000원을 현금으로 받다.
(4) 창고에 보관 중이던 빈 박스 및 폐품 20,000원을 처분하고, 대금은 현금으로 받다.
(5) 단기대여금 500,000원에 대한 이자 10,000원을 현금으로 받다.

No.	차 변 과 목	금 액	대 변 과 목	금 액
(1)				
(2)				
(3)				
(4)				
(5)				

 다음 거래를 분개하시오.

(차) 부 채 의 감 소	(대) 자 산 의 감 소

(1) 외상매입금 200,000원을 현금으로 지급하다.
(2) 단기차입금 350,000원을 현금으로 지급하다.
(3) 상품대금으로 발행하였던 지급어음 대금 250,000원을 현금으로 지급하다.
(4) 외상매입금 500,000원을 수표를 발행하여 지급하다.
(5) 미지급금 80,000원을 현금으로 지급하다.

No.	차 변 과 목	금 액	대 변 과 목	금 액
(1)				
(2)				
(3)				
(4)				
(5)				

06 다음 거래를 분개하시오.

> (차) 사 본 의 감 소 　　　 (대) 자 산 의 감 소

(1) 기업주가 가사비용으로 현금 200,000원을 인출하다.

(2) 사장개인이 판매용 상품 원가 50,000원을 가사용으로 사용하기 위해 가져가다.

(3) 기업주의 자녀등록금 800,000원을 현금으로 지급하다.

No.	차 변 과 목	금　　액	대 변 과 목	금　　액
(1)				
(2)				
(3)				

07 다음 거래를 분개하시오.

> (차) 비 용 의 발 생 　　　 (대) 자 산 의 감 소

(1) 사원의 이달분 급여 300,000원을 현금으로 지급하다.

(2) 오피스천국(주)에서 사무용품 27,000원을 현금으로 구입하고 영수증을 받다.

NO.	영 수 증 (공급받는자용)				
	향기나라				귀하
공급자	사 업 자 등 록 번 호	214-86-77209			
	상　　호	오피스천국(주)	성명	최영재 (인)	
	사 업 장 소 재 지	서울특별시 서대문구 충정로7길 48 (충정로2가)			
	업　　태	도소매업	종목	사무용품	
작성일자	공급대가총액		비고		
20X1.02.17	27,000				

공 급 내 역				
월/일	품명	수량	단가	금액
2/17	문구			27,000
합　계			₩ 27,000	

위 금액을 (영수)(청구)함

(3) 전화요금 및 인터넷 사용료 250,000원을 현금으로 납부하다.

(4) KBS 방송국에 회사 홍보를 위한 광고료 500,000원을 현금으로 지급하다.

(5) 이자 20,000원을 현금으로 지급하다.

(6) 전기요금 50,000원과 수도료 20,000원을 현금으로 납부하다.

(7) 매일경제신문 5월분 신문구독료를 현금으로 지급하다.

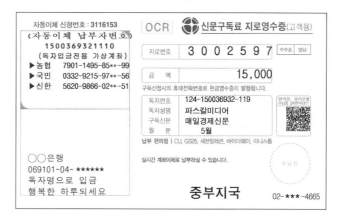

(8) 현금 420,000원이 도난 당하다.

(9) 자동차세 280,000원과 재산세 500,000원을 현금으로 납부하다.

(10) 건물에 대한 화재보험료 80,000원을 현금으로 지급하다.

No.	차 변 과 목	금 액	대 변 과 목	금 액
(1)				
(2)				
(3)				
(4)				
(5)				
(6)				
(7)				
(8)				
(9)				
(10)				

08 다음 거래를 분개하시오.

> (차) 부 채 의 감 소   (대) 부 채 의 증 가

(1) 서울상사의 외상매입금 200,000원을 2개월 후 만기의 약속어음을 발행하여 지급하다.

No.	차 변 과 목	금 액	대 변 과 목	금 액
(1)				

09 다음 거래를 분개하시오.

> (차) 자 산 의 증 가   (대) { 자 산 의 감 소
수 익 의 발 생

(1) 원가 250,000원의 상품을 300,000원에 매출하고, 대금은 현금으로 받다.
(2) 상품 500,000원(원가 420,000원)을 외상매출하다.
(3) 단기대여금 300,000원과 이자 20,000원을 함께 현금으로 받다.
(4) 단기대여금 800,000원과 이자 30,000원을 함께 수표로 받다.

No.	차 변 과 목	금 액	대 변 과 목	금 액
(1)				
(2)				
(3)				
(4)				

⑩ 다음 거래를 분개하시오.

(차) { 부 채 의 감 소 비 용 의 발 생	(대) 자 산 의 감 소

(1) 단기차입금 200,000원과 이자 5,000원을 현금으로 지급하다.
(2) 대전상사에 대한 단기차입금 400,000원과 이자 20,000원을 수표를 발행하여 지급하다.

No.	차 변 과 목	금 액	대 변 과 목	금 액
(1)				
(2)				

⑪ 다음 거래를 분개하시오.

(차) 자 산 의 증 가	(대) { 자 산 의 감 소 부 채 의 증 가

(1) 상품 800,000원을 매입하고 대금 중 500,000원은 현금으로 지급하고 잔액은 외상으로 하다.
(2) 상품 600,000원을 매입하고 대금 중 반액은 수표를 발행하여 지급하고 잔액은 외상으로 하다.
(3) 비품 300,000원을 구입하고 대금 중 200,000원은 현금으로 지급하고 잔액은 월말에 지급하기로 하다.

No.	차 변 과 목	금 액	대 변 과 목	금 액
(1)				
(2)				
(3)				

다음 거래를 분개하시오.

(1) 현금 1,000,000원을 출자하여 상품매매업을 개시하다.

(2) 서울상사에서 상품 200,000원을 매입하고, 대금은 현금으로 지급하다.

(3) 사무용 책상 및 집기일체를 150,000원에 구입하고, 대금은 현금으로 지급하다.

(4) 거래은행으로부터 현금 500,000원을 차입하다.

(5) 세무상사에서 상품 150,000원을 외상으로 매입하다.

(6) 목포상사에 상품 300,000원(원가 280,000원)을 외상매출하다.

(7) 거래처에 현금 800,000원을 대여하다.

(8) 상품 350,000원을 매입하고, 대금 중 200,000원은 현금으로 지급하고, 잔액은 외상으로 하다.

(9) 외상매입금 100,000원을 현금으로 지급하다.

(10) 현금 250,000원을 조흥은행에 당좌예입하다.

(11) 직원의 월급 400,000원을 현금으로 지급하다.

(12) 외상매출금 120,000원을 현금으로 회수하다.

(13) 단기차입금 300,000원과 그에 대한 이자 5,000원을 함께 현금으로 지급하다.

(14) 영업용 건물 2,000,000원을 구입하고, 대금 중 1,500,000원은 현금으로 지급하고, 잔액은 월말에 지급하기로 하다.

(15) 현금 2,000,000원을 차입하여 영업을 개시하다.

(16) 단기대여금에 대한 이자 20,000원을 현금으로 받다.

No.	차 변 과 목	금 액	대 변 과 목	금 액
(1)				
(2)				
(3)				
(4)				
(5)				
(6)				
(7)				
(8)				
(9)				
(10)				
(11)				
(12)				
(13)				
(14)				
(15)				
(16)				

13 다음 거래를 분개하시오.

(1) 현금 500,000원과 건물 1,000,000원으로 영업을 개시하다.

(2) 신문구독료 8,000원을 현금으로 지급하다.

(3) 상품 420,000원(원가 350,000원)을 외상으로 매출하다.

(4) 상품매매의 중개수수료 20,000원을 현금으로 받다.

(5) 외상매입금 150,000원을 현금으로 지급하다.

(6) 우표 및 엽서 구입대금 45,000원을 현금으로 지급하다.

(7) 단기대여금 500,000원과 그 이자 20,000원을 함께 현금으로 회수하다.

(8) 영업용 트럭 8,000,000원을 구입하고, 대금 중 5,000,000원은 수표를 발행하여 지급하고 잔액은 1개월 후에 지급하기로 하다.

(9) 광주상사에서 상품 350,000원을 매입하고, 대금은 법인신용카드로 결제하다.

(10) 영업용 비품 80,000원을 구입하고, 대금은 법인 BC카드로 결제하다.

(11) 단기차입금 600,000원에 대한 이자 5,000원을 현금으로 지급하다.

(12) 상품 520,000원(원가 400,000원)을 매출하고, 대금 중 200,000원은 현금으로 받고, 잔액은 외상으로 하다.

(13) 점포에 대한 월세 240,000원을 현금으로 지급하다.

(14) 외상매출금 150,000원을 현금으로 회수하다.

(15) 현금 10,000원권 지폐를 1,000원권 지폐 10장으로 교환하다.

No.	차 변 과 목	금 액	대 변 과 목	금 액
(1)				
(2)				
(3)				
(4)				
(5)				
(6)				
(7)				
(8)				
(9)				
(10)				
(11)				
(12)				
(13)				
(14)				
(15)				

다음 거래를 분개하시오.

(1) 상품 250,000원을 매입하고, 대금 중 150,000원은 현금으로 지급하고, 잔액은 외상으로 하다.

(2) 거래처에 현금 200,000원을 2개월 후 상환조건으로 대여하다.

(3) 거래처로부터 받은 개업축하 현금 30,000원을 잡이익으로 처리하다.

(4) 상품 원가 250,000원을 300,000원에 매출하고, 대금은 월말에 받기로 하다.

(5) 강릉상사으로 부터 상품 500,000원을 주문받다.

(6) 상품 800,000원(원가 750,000원)을 매출하고, 대금 중 반액은 현금으로 받고, 나머지는 외상으로 하다.

(7) 제주상사의 외상대금 120,000원을 현금으로 회수하다.

(8) 부산상사에 상품 500,000원(원가 420,000원)을 외상으로 매출하고, 발송운임 3,000원을 현금으로 지급하다.

(9) 인천상사에서 상품 250,000원을 외상매입하고, 인수운임 4,000원을 현금으로 지급하다.

(10) 파스칼상사에 대한 외상매입금 500,000원 중 200,000원을 현금으로 지급하다.

(11) 겨울철 난방용 석유대금 30,000원을 현금으로 지급하다.

(12) 적십자 회비 50,000원을 현금으로 지급하다.

(13) 기업주가 개인사용으로 현금 280,000원을 인출하다.

(14) 사원 홍길동의 결혼축하금 320,000원을 현금으로 지급하다.

(15) 거래은행에 만기 1년의 정기예금을 개설하고, 현금 1,000,000원을 예탁하다.

No.	차 변 과 목	금 액	대 변 과 목	금 액
(1)				
(2)				
(3)				
(4)				
(5)				
(6)				
(7)				
(8)				
(9)				
(10)				
(11)				
(12)				
(13)				
(14)				
(15)				

15 다음 거래를 분개하고, 아래 계정에 전기하시오.

> 4월 1일   현금 600,000원을 출자하여 영업을 시작하다.
> 　 　3일   상품 300,000원을 매입하고, 대금은 현금으로 지급하다.
> 　 　7일   영업용 비품 100,000원을 구입하고, 대금은 현금으로 지급하다.
> 　 　10일 원가 200,000원의 상품을 250,000원에 외상으로 매출하다.
> 　 　15일 현금 150,000원을 차입하다.
> 　 　20일 상품 200,000원을 매입하고, 대금은 외상으로 하다.
> 　 　23일 외상매출금 100,000원을 현금으로 회수하다.
> 　 　25일 종업원 급여 60,000원을 현금으로 지급하다.
> 　 　27일 상품 400,000원(원가 300,000원)을 매출하고, 대금은 현금으로 받다.

No.	차 변 과 목	금 액	대 변 과 목	금 액
4/ 1				
3				
7				
10				
15				
20				
23				
25				
27				

현　　　　　금

외 상 매 출 금

상　　　　　품

비　　　　　품

외 상 매 입 금

단 기 차 입 금

자 　 본 　 금

상 품 매 출 이 익

급　　　　　여

1. 다음 [거래]에 대한 설명으로 옳은 것을 [보기]에서 모두 고른 것은? 【제44회】

[거래] 은행으로부터 3년 후 상환하기로 하고 현금 5,000,000원을 차입하다. 단, 이자율은 연 5%이다.

[보기]　ㄱ. 손익거래　　　　　　　　ㄴ. 분개 시 차변 계정은 이자비용
　　　　ㄷ. 자산의 증가와 부채의 증가　　ㄹ. 분개 시 대변 계정은 장기차입금

① ㄱ, ㄴ　　　　　　② ㄱ, ㄷ　　　　　　③ ㄷ, ㄹ　　　　　　④ ㄴ, ㄷ

2. 아래 분개의 내용을 계정별 원장에 전기한 것으로 가장 적절한 것은? 【제97회】

・12월 1일 : (차) 접대비　1,000,000원　　(대) 현　금 1,000,000원

	현　　금			현　　금
①	12/1 접대비 1,000,000	②		12/1 접대비 1,000,000

	접　대　비			접　대　비
③	12/1 접대비 1,000,000	④		12/1 현　금 1,000,000

3. 다음의 대화에서 박대리의 답변을 분개하는 경우 대변 계정과목으로 옳은 것은? 【제78회】

・김부장 : 박대리님. 매출처 대한상점에 대한 외상 대금은 받았습니까?
・박대리 : 네. 외상대금 100만원이 당사 보통예금 계좌에 입금된 것을 확인하였습니다.

① 현금　　　　　② 보통예금　　　　　③ 외상매출금　　　　　④ 외상매입금

4. 다음 중 계정과목을 잘못 사용한 사람은? 【FAT 제45회】

① 수민　　　　　② 서영　　　　　③ 현채　　　　　④ 종우

04 장부

01 장부(帳簿 : accounting book)

기업의 경영 활동에서 발생하는 모든 거래를 조직적, 계속적으로 기록·계산·정리하여 기업의 경영 활동에 관한 원인과 결과를 명백히 하기 위한 기록상의 지면을 장부라 한다.

【 NCS 연결고리 】

능력 단위	결산 관리 (0203020104_14v2)	능력 단위 요소 (수준)	장부 마감하기(0203020104_14v2.2)(3수준)
영역과의 관계	기업의 일정 기간 경영 활동을 통하여 발생한 자산·부채·자본 및 수익·비용의 각 계정을 정리하여 장부를 마감하는데 도움이 될 것이다.		

02 장부의 분류

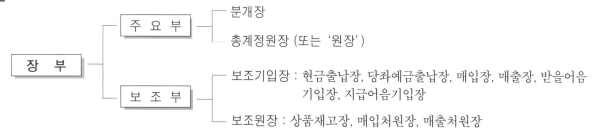

- 장부
  - 주요부
    - 분개장
    - 총계정원장 (또는 '원장')
  - 보조부
    - 보조기입장 : 현금출납장, 당좌예금출납장, 매입장, 매출장, 받을어음기입장, 지급어음기입장
    - 보조원장 : 상품재고장, 매입처원장, 매출처원장

03 분개장(分介帳 : journal book)

모든 거래를 발생순서대로 분개하여 기입하는 장부를 분개장이라 하며, 병립식과 분할식이 있다.

(1) 병립식 분개장

분 개 장 (1)

날 짜		적 요	원 면	차 변	대 변
4	1	(현 금)	1	1,000,000	
		(자 본 금)	8		1,000,000
		현금 출자하여 개업하다.			

(2) 분할식 분개장

분 개 장 (1)

차 변	원 면	적 요	원 면	대 변
1,000,000	1	4/1 (현 금)　(자 본 금) 현금 출자하여 개업하다. ──── 4/2 ────	8	1,000,000

04 총계정원장(總計定元帳 : general ledger)

분개장에 분개 기입된 거래 내용을 계정과목별로 전기하여 기록할 수 있도록 모든 계정계좌가 설정되어 있는 장부를 총계정원장 또는 원장이라 하며 표준식과 잔액식이 있다.(학습편의상 T자형 사용)

(1) 표준식 총계정원장

현   금   (1)

날 짜		적 요	분면	금 액	날 짜		적 요	분면	금 액
4	1	자 본 금	1	1,000,000					

(2) 잔액식 총계정원장

현   금   (1)

날 짜		적 요	분면	차 변	대 변	차·대	잔 액
4	1	자 본 금	1	1,000,000		차	1,000,000

▶ 장부기입을 간단히 하기 위하여 다음과 같은 기호를 사용한다.

- ₩(won) ·················· 원
- Dr(debtor) ············· 차변
- 〃 ·········· 위와 같음
- @₩ ···················· 단가
- Cr(creditor) ············· 대변
- 원면 ··········· 원장의 면수
- #(number) ············· 번호
- a/c(account) ··········· 계정
- 분면 ········· 분개장의 면수

05 회계의 순환 과정

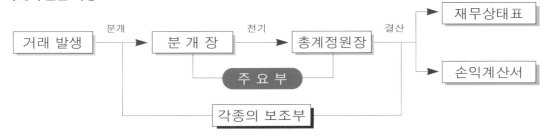

기출 확인 문제

1. 회계의 순환 과정 중 일부이다. (가), (나)에 들어갈 용어로 옳은 것은? 【FAT 제47회, 제60회, 73회, 77회】

거래의 발생 → (가) → 분 개 장 → (나) → 총계정원장

① (가) : 대체, (나) : 이월
② (가) : 분개, (나) : 전기
③ (가) : 이월, (나) : 대체
④ (가) : 전기, (나) : 분개

2. 다음 중 빈 칸 안에 들어갈 (가), (나) 용어가 순서대로 되어 있는 것은? 【제74회】

> 발생한 거래 내역을 순서에 따라 장부에 분개하여 적는 장부를 (가)라 하고, 이러한 거래를 계정과목별로 기록·계산·요약하는 장부를 (나)라 한다.

	(가)	(나)		(가)	(나)
①	현금출납장	분개장	②	총계정원장	분개장
③	분개장	매출처원장	④	분개장	총계정원장

 다음 파스칼상사의 거래를 분개장에 기입 마감하고, 총계정원장에 전기하시오. 단, 4월 20일 거래부터는 분개장 2면에 기입할 것.

4월 1일 현금 700,000원을 출자하여 영업을 개시하다.

  3일 영업용 책상, 의자 60,000원을 현금으로 구입하다.

  6일 한국상사에서 상품 300,000원을 매입하고, 대금은 외상으로 하다.

  8일 세무상사에서 현금 500,000원을 차입하다.

  12일 공인상사에 상품 350,000원(원가 250,000원)을 매출하고, 대금 중 200,000원은 현금으로 받고, 잔액은 외상으로 하다.

  15일 한국상사에 대한 외상매입금 200,000원을 현금으로 지급하다.

  16일 상품매매를 알선하고 중개수수료 12,000원을 현금으로 받다.

  20일 세무상사에 대한 단기차입금 300,000원과 이자 8,000원을 현금으로 지급하다.

  23일 공인상사의 외상매출금 100,000원을 현금으로 회수하다.

  25일 이달분 종업원급여 70,000원을 현금으로 지급하다.

  30일 이달분 사무실 임차료 50,000원을 현금으로 지급하다.

분 개 장 (1)

날 짜	적 요	원 면	차 변	대 변
	다 음 면 에			

분   개   장   (2)

날 짜		적 요	원면	차 변	대 변
		앞면에서			
4	20				

총 계 정 원 장

현 금 (1)	외 상 매 출 금 (2)
	상 품 (3)
	외 상 매 입 금 (5)
비 품 (4)	자 본 금 (7)
단 기 차 입 금 (6)	수 수 료 수 익 (9)
상 품 매 출 이 익 (8)	급 여 (10)
임 차 료 (11)	이 자 비 용 (12)

능력 단위 요소	장부 마감하기 (0203020104_14v2.2) (3수준)			
자가 진단 내용	나는 회계 관련 규정에 따라 주요 장부를 마감할 수 있다.			
문항 평가	매우 미흡 ①	미흡 ②	보통 ③	우수 ④	매우 우수 ⑤

회계 와 Business

영화 「쇼생크 탈출」과 회계

- 출처 : www.naver.com -

사회에서 촉망받던 은행 간부인 앤디 듀프레인(팀 로빈스)은 아내와 그녀의 정부를 살해했다는 누명을 쓰고 종신형을 선고 받는다. 쇼생크 감옥에 수감되면서 악명 높은 교도관과, 악질 동료들의 괴롭힘을 받으며 버티고 있던 중 은행 간부 시절의 회계 실력을 발휘, 교도관과 교도소장의 세금을 면제받게 해 주고, 덕분에 교도소의 비공식 회계사, 교도소장의 재정 상담역이 되어 자신의 억울한 수감 생활을 담담하게 받아들이며 감옥에서 적응해 가던 앤디는 우연히 자신의 아내와 정부를 살해한 진짜 살인범의 정체를 알게 되어 누명을 벗을 기회를 맞지만, 교도소장은 자신의 부정이(앤디가 교도소장의 부정한 방법으로 모은 돈을 관리해 옴) 앤디가 사회로 나가는 순간 밝혀질 게 두려워 억울함을 밝힐 수 있는 기회를 차단한다.

결국 앤디는 탈옥을 결심하고, 수년 간의 치밀한 준비로 결국 탈옥에 성공하여 자신이 관리하던 교도소장의 수십년간 축적한 검은 돈을 모두 빼앗아 버리고, 또한 교도소장과 자신을 괴롭히던 교도관들의 부정을 기록해 둔 '탈세 장부'를 신문사에 제보하면서 복수에 성공하고 멕시코 해변가로 유유히 사라져 버린다.

- 출처 : www.naver.com -

영화의 결말은 앤디가 자신을 도와주고 믿어줬던 모건 프리먼과 멕시코 해변가에서 재회하는 장면에서 영화는 막을 내린다. 「쇼생크 탈출」은 감옥이라는 최악의 조건과 살인죄의 누명을 쓴 억울함 속에서도, 포기하지 않는 강한 인간의 자유 의지를 보여주는 그런 영화다.

영화 「쇼생크 탈출」을 통해 필자가 느낀 것은 만약 앤디가 회계와 세무에 대한 지식이 없었다면 교도소 내의 수용 생활은 물론 탈옥을 어떻게 성공하며 복수까지 할 수 있었을까? 라는 것이다.

회계의 관점에서 보면 주인공 앤디가 교도소장의 부정적인 자금을 세탁하고 관리할 때 회계 책임이나 수탁 책임 자체로는 아무 문제없이 성실히 직무를 수행했지만 자기의 목적을 위해 회계 시스템 자체를 마음대로 조정한 점은 Business상 한 번은 생각해 보아야 하지 않을까? 여기서 우리가 알아야 하는 것은 어떤 회계 처리 방법을 사용하느냐에 따라 결산의 결과가 다르게 나타난다는 것이다.

05 시산표

01 시산표(試算表 : trial balance, T/B)의 뜻

분개장에서 총계정원장의 전기가 정확하게 되었는가를 검사하기 위하여 작성하는 계정 집계표를 시산표라고 하며, 시산표는 연도말에만 작성되는 것은 아니고, 매월(월계표), 매주(주계표), 매일(일계표) 작성하기도 한다.

02 시산표의 종류

(1) 합계시산표 : 원장 각 계정의 차변 합계액과 대변 합계액을 집계하여 작성한 것으로 합계시산표의 대, 차 합계액은 거래총액을 나타내며, 분개장의 합계금액과도 일치한다.

(2) 잔액시산표 : 원장 각 계정의 잔액을 산출하여 작성하는 시산표

기말자산 + 총비용 = 기말부채 + 기초자본 + 총수익 ·········· 시산표 등식

(3) 합계잔액시산표 : 합계시산표와 잔액시산표를 합한 것

03 시산표의 작성 예제

현　　금　(1)		상　　품　(2)		외 상 매 입 금　(3)	
150,000	100,000	80,000	50,000	50,000	65,000

자　본　금　(4)		상 품 매 출 이 익　(5)		급　　여　(6)	
	60,000		25,000	20,000	

합 계 시 산 표

차　변	원면	계 정 과 목	대　변
150,000	1	현　　　　금	100,000
80,000	2	상　　　　품	50,000
50,000	3	외 상 매 입 금	65,000
	4	자　본　금	60,000
	5	상품매출이익	25,000
20,000	6	급　　　　여	
300,000			300,000

잔 액 시 산 표

차　변	원면	계 정 과 목	대　변
50,000	1	현　　　　금	
30,000	2	상　　　　품	
	3	외 상 매 입 금	15,000
	4	자　본　금	60,000
	5	상품매출이익	25,000
20,000	6	급　　　　여	
100,000			100,000

합 계 잔 액 시 산 표

차　변		원면	계 정 과 목	대　변	
잔　액	합　계			합　계	잔　액
50,000	150,000	1	현　　　　　금	100,000	
30,000	80,000	2	상　　　　　품	50,000	
	50,000	3	외 상 매 입 금	65,000	15,000
		4	자　본　금	60,000	60,000
		5	상 품 매 출 이 익	25,000	25,000
20,000	20,000	6	급　　　　　여		
100,000	300,000			300,000	100,000

기 본 연 습 문 제

01 다음 총계정원장의 기록에 의하여 합계시산표, 잔액시산표, 합계잔액시산표를 작성하시오.

현금및현금성자산 (1)		단기금융상품 (2)		외상매출금 (3)	
630,000	390,000	45,000		130,000	50,000

상 품 (4)		건 물 (5)		외상매입금 (6)	
350,000	300,000	200,000		80,000	100,000

단기차입금 (7)		자 본 금 (8)		상품매출이익 (9)	
20,000	50,000		500,000		80,000

임 대 료 (10)		급 여 (11)		이 자 비 용 (12)	
	30,000	40,000		5,000	

합 계 시 산 표

차 변	원면	계 정 과 목	대 변

잔 액 시 산 표

차 변	원면	계 정 과 목	대 변

합 계 잔 액 시 산 표

차 변		원면	계 정 과 목	대 변	
잔 액	합 계			합 계	잔 액

02 다음 총계정원장의 기록에 의하여 합계시산표를 작성하시오. 단, 자본금은 각자 계산할 것.

현 금 (1)		외 상 매 출 금 (2)	
480,000	150,000	260,000	120,000

단 기 대 여 금 (3)		상 품 (4)	
50,000		480,000	420,000

비 품 (5)		외 상 매 입 금 (6)	
50,000		120,000	230,000

단 기 차 입 금 (7)		자 본 금 (8)	
	40,000		( )

상 품 매 출 이 익 (9)		이 자 수 익 (10)	
	70,000		15,000

급 여 (11)		임 차 료 (12)	
18,000		2,000	

합 계 시 산 표

차 변	원면	계 정 과 목	대 변

03 다음 총계정원장을 자료로 하여 잔액시산표를 작성하시오. 단 자본금은 각자 계산할 것.

현 금 (1)		외 상 매 출 금 (2)	
580,000	170,000	270,000	140,000

상 품 (3)		비 품 (4)	
620,000	390,000	100,000	

외 상 매 입 금 (5)		단 기 차 입 금 (6)	
200,000	350,000	30,000	50,000

자 본 금 (7)		상 품 매 출 이 익 (8)	
( )			250,000

이 자 수 익 (9)		급 여 (10)	
	40,000	70,000	

통 신 비 (11)		이 자 비 용 (12)	
15,000		5,000	

잔 액 시 산 표

차 변	원면	계 정 과 목	대 변

(04) 다음 총계정원장에 의하여 합계잔액시산표를 작성하시오. 단, 자본금은 각자 계산할 것.

현 금	(1)		당 좌 예 금	(2)		외 상 매 출 금	(3)
530,000	230,000		400,000	350,000		820,000	600,000

상 품	(4)		비 품	(5)		외 상 매 입 금	(6)
920,000	760,000		200,000			320,000	420,000

지 급 어 음	(7)		자 본 금	(8)		상 품 매 출 이 익	(9)
130,000	200,000			( )			180,000

수 수 료 수 익	(10)		급 여	(11)		보 험 료	(12)
	20,000		80,000			15,000	

임 차 료	(13)		광 고 선 전 비	(14)		잡 비	(15)
10,000			25,000			10,000	

합 계 잔 액 시 산 표

차 변		원면	계 정 과 목	대 변	
잔 액	합 계			합 계	잔 액

05 다음 한국상사의 6월 중 거래를 분개하고, 아래의 계정에 전기한 후 합계잔액시산표를 작성하시오.

(1) 현금 1,000,000원(차입금 200,000원 포함)을 출자하여 영업을 시작하다.

(2) 사무용 비품 150,000원을 현금으로 구입하다.

(3) 부산상사에서 상품 500,000원을 매입하고, 대금 중 300,000원은 현금으로 지급하고, 잔액은 외상으로 하다.

(4) 대전상사에 상품 450,000원(원가 300,000원)을 외상으로 매출하다.

(5) 외상매입금 120,000원을 현금으로 지급하다.

(6) 단기차입금 150,000원과 이자 10,000원을 함께 현금으로 지급하다.

(7) 외상매출금 250,000원을 현금으로 회수하다.

(8) 동해상사에 상품 150,000원(원가 100,000원)을 현금으로 매출하다.

(9) 이달분 급여 50,000원을 현금으로 지급하다.

No.	차변과목	금 액	대변과목	금 액	No.	차변과목	금 액	대변과목	금 액
(1)					(5)				
(2)					(6)				
(3)					(7)				
					(8)				
(4)					(9)				

현 금 (1)	외 상 매 출 금 (2)	상 품 (3)
	비 품 (4)	
		자 본 금 (7)
외 상 매 입 금 (5)	단 기 차 입 금 (6)	
		상 품 매 출 이 익 (8)
급 여 (9)	이 자 비 용 (10)	

합 계 잔 액 시 산 표

차 변		원면	계 정 과 목	대 변	
잔 액	합 계			합 계	잔 액

06 다음 서울상사는 회계 기말에 잔액시산표를 작성하였으나 그 대·차의 합계 금액이 일치하지 않았다. 틀린 곳을 찾아 정확한 잔액시산표를 작성하시오.

잔 액 시 산 표

차 변	원면	계 정 과 목	대 변
100,000	1	현 금	
	2	외 상 매 출 금	175,000
	3	단 기 대 여 금	160,000
105,000	4	상 품	
300,000	5	건 물	
	6	외 상 매 입 금	270,000
192,000	7	단 기 차 입 금	
	8	자 본 금	280,000
295,000	9	상 품 매 출 이 익	
23,000	10	수 수 료 수 익	
	11	급 여	150,000
	12	보 험 료	45,000
25,000	13	잡 비	
1,040,000			1,080,000

잔 액 시 산 표

차 변	원면	계 정 과 목	대 변
	1	현 금	
	2	외 상 매 출 금	
	3	단 기 대 여 금	
	4	상 품	
	5	건 물	
	6	외 상 매 입 금	
	7	단 기 차 입 금	
	8	자 본 금	
	9	상 품 매 출 이 익	
	10	수 수 료 수 익	
	11	급 여	
	12	보 험 료	
	13	잡 비	

07 다음 총계정원장 잔액을 자료로 하여 잔액시산표를 완성하시오. 단, 자본금은 각자 계산할 것.

【 총계정원장 잔액 】

현 금	₩	252,000
단 기 매 매 증 권		240,000
외 상 매 출 금		104,000
상 품		60,000
비 품		100,000
외 상 매 입 금		84,000
지 급 어 음		50,000
자 본 금	(	)
상 품 매 출 이 익		240,000
이 자 수 익		48,000
급 여		34,000
보 험 료		10,000
잡 비		20,000
소 모 품 비		2,000

잔 액 시 산 표

차 변	원면	계 정 과 목	대 변
		현 금	
		단 기 매 매 증 권	
		외 상 매 출 금	
	생	상 품	
		비 품	
		외 상 매 입 금	
		지 급 어 음	
		자 본 금	
		상 품 매 출 이 익	
	략	이 자 수 익	
		급 여	
		보 험 료	
		잡 비	
		소 모 품 비	

06 정산표

01 정산표(精算表 : working sheet, W/S)

결산의 본 절차에 들어가기에 앞서 잔액시산표를 기초로 하여 손익계산서와 재무상태표를 작성하는 과정을 하나의 일람표로 나타내는 것을 정산표라 한다.(가결산 보고서)

02 정산표의 종류

정산표의 종류는 금액을 기입하는 난의 수에 따라 6위식, 8위식, 10위식 정산표가 있다.

03 정산표의 작성 방법

(1) 잔액시산표란에 원장의 모든 계정의 잔액을 옮겨 적는다(자산·부채·자본·수익·비용의 순서)
(2) 잔액시산표란의 각 계정과목 중 수익에 속하는 계정의 금액은 손익계산서란의 대변에, 비용에 속하는 계정의 금액은 손익계산서란의 차변에 옮겨 적는다.
(3) 잔액시산표란의 각 계정과목 중 자산에 속하는 계정의 금액은 재무상태표란의 차변에, 부채와 자본에 속하는 계정의 금액은 재무상태표란의 대변에 옮겨 적는다.
(4) 손익계산서란 및 재무상태표란의 대·차 차액을 당기순이익(또는 당기순손실)으로 하여 금액이 적은 쪽에 기입하고, 대·차를 평균시켜 마감한다.

04 6위식 정산표의 작성 예제

총 계 정 원 장

현 금		상 품		외 상 매 입 금	
150,000	100,000	80,000	50,000	50,000	65,000

자 본 금		상품매출이익		급 여	
	60,000		25,000	20,000	

정 산 표

계 정 과 목	잔 액 시 산 표		손 익 계 산 서		재 무 상 태 표	
	차 변	대 변	차 변	대 변	차 변	대 변
현 금	50,000				50,000	
상 품	30,000				30,000	
외 상 매 입 금		15,000				15,000
자 본 금		60,000				60,000
상 품 매 출 이 익		25,000		25,000		
급 여	20,000		20,000			
당 기 순 이 익			5,000			5,000
	100,000	100,000	25,000	25,000	80,000	80,000

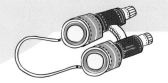

기본연습문제

01 다음 정산표를 완성하시오.

정 산 표

계 정 과 목	잔액시산표		손익계산서		재무상태표	
	차 변	대 변	차 변	대 변	차 변	대 변
현　　　　금	120,000				(　)	
단 기 매 매 증 권	100,000				(　)	
외 상 매 출 금	80,000				(　)	
단 기 대 여 금	50,000				(　)	
상　　　　품	150,000				(　)	
비　　　　품	80,000				(　)	
외 상 매 입 금		150,000				(　)
단 기 차 입 금		50,000				(　)
자　　본　　금		300,000				(　)
상 품 매 출 이 익		150,000		(　)		
급　　　　여	40,000		(　)			
이 자 비 용	30,000		(　)			
당 기 순 이 익			(　)			(　)
	650,000	650,000	(　)	(　)	(　)	

02 다음 정산표를 완성하시오. 단, 자본금은 각자 계산할 것.

정 산 표

계 정 과 목	잔액시산표		손익계산서		재무상태표	
	차 변	대 변	차 변	대 변	차 변	대 변
현　　　　금	150,000				(　)	
단 기 매 매 증 권	100,000				(　)	
외 상 매 출 금	120,000				(　)	
상　　　　품	230,000				(　)	
비　　　　품	50,000				(　)	
외 상 매 입 금		70,000				(　)
지 급 어 음		80,000				(　)
단 기 차 입 금		50,000				(　)
자　　본　　금		(　)				(　)
상 품 매 출 이 익		100,000		(　)		
이 자 수 익		30,000		(　)		
급　　　　여	120,000		(　)			
임 차 료	30,000		(　)			
보 험 료	20,000		(　)			
이 자 비 용	10,000		(　)			
당 기 순 손 실				(　)	(　)	
	(　)	(　)	(　)	(　)	(　)	(　)

03 다음 정산표를 완성하시오.

정 산 표

계 정 과 목	잔액시산표		손익계산서		재무상태표	
	차 변	대 변	차 변	대 변	차 변	대 변
현금및현금성자산	( )					
단 기 투 자 자 산	200,000					
매 출 채 권	120,000					
상 품	80,000					
매 입 채 무		150,000				
단 기 차 입 금		70,000				
자 본 금		( )				
상 품 매 출 이 익		140,000				
수 수 료 수 익		20,000				
급 여	90,000					
보 험 료	10,000					
임 차 료	25,000					
이 자 비 용	5,000					
( )						
	680,000	680,000				

04 다음 정산표를 완성하시오.

정 산 표

계 정 과 목	잔액시산표		손익계산서		재무상태표	
	차 변	대 변	차 변	대 변	차 변	대 변
현 금	320,000				( )	
단 기 매 매 증 권	( )				( )	
외 상 매 출 금	( )				200,000	
상 품	200,000				( )	
비 품	100,000				( )	
외 상 매 입 금		160,000				( )
지 급 어 음		( )				80,000
단 기 차 입 금		40,000				( )
자 본 금		( )				( )
상 품 매 출 이 익		120,000		( )		
수 수 료 수 익		( )		30,000		
급 여	( )		( )			
임 차 료	( )		4,000			
광 고 선 전 비	6,000		( )			
보 험 료	( )		15,000			
이 자 비 용	5,000		( )			
( )			( )		( )	
	965,000	965,000	( )	( )	920,000	( )

07 결 산

01 결산(決算 : closing)의 뜻

회계 기간 말에 모든 장부를 정리·마감하여 기업의 재무상태와 경영성과를 정확하게 파악하는 것을 결산이라 한다.

【 NCS 연결고리 】

능력 단위	결산 관리 (0203020104_14v2)	능력 단위 요소 (수준)	결산 분개하기(0203020104_14v2.1)(3수준)
			장부 마감하기(0203020104_14v2.2)(3수준)
영역과의 관계	재무상태를 파악하기 위하여 기말 결산일 현재의 자산·부채·자본을 측정 평가하고 일정 기간의 수익·비용을 확정하여 경영성과를 파악함과 동시에 각 계정을 정리하여 장부를 마감하고 재무제표를 작성하는데 도움이 될 것이다.		

02 결산의 절차

결산의 절차는 예비 절차·본 절차·결산 보고서 작성 절차로 나눌 수 있다.

(1) 결산의 예비 절차	① 시산표의 작성 ② 결산 수정 분개(3급 범위) ③ 정산표의 작성

↓

(2) 결산의 본 절차	① 총계정원장의 마감 ② 분개장과 기타 보조장부의 마감

↓

(3) 결산보고서 작성 절차	① 재무상태표 작성 ② 손익계산서 작성

03 총계정원장의 마감

(1) 수익·비용 계정의 마감

① 집합 계정인 손익 계정을 설정한다.

② 수익 계정을 손익 계정 대변에 대체하고, 대체 분개를 한다.

대 체 분 개	(차) 상품매출이익 50,000 (대) 손 익 50,000

↓ 전 기

원 장	손 익	(대체기입)	상 품 매 출 이 익
	상품매출이익 50,000	←	손 익 50,000 ××× 50,000

③ 비용 계정을 손익 계정 차변에 대체하고, 대체 분개를 한다.

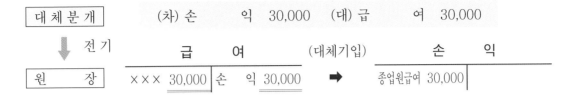

④ 손익 계정에 집합된 총수익(대변 합계)과 총비용(차변 합계)을 비교하여 차액인 당기순이익(또는 당기순손실)을 자본금 계정에 대체하고, 대체 분개를 한다.

(가) 당기순이익이 발생한 경우

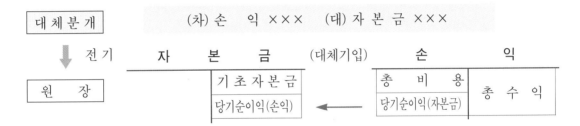

(나) 당기순손실이 발생한 경우

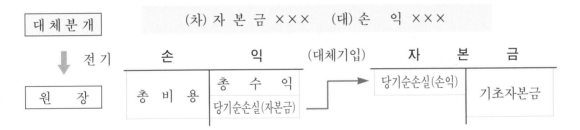

(2) 자산·부채·자본 계정의 마감

자산·부채·자본에 속하는 계정을 마감하는 방법에는 영미식과 대륙식이 있으나, 대륙식은 실무에서 사용하고 있지 않으므로 영미식 마감 방법만 설명하기로 한다.

① 자산·부채·자본 계정의 마감과 이월

자산·부채·자본 각 계정의 잔액을 산출하여 적은 쪽에 붉은색으로 '차기이월'이라 기입하여 마감하고, 다음 회계 연도 개시일에 차기이월을 기입한 반대쪽에 '전기이월'이라 개시 기입한다.

② 이월시산표의 작성

자산·부채·자본 계정의 마감은 분개를 통하지 않고 하였으므로 이월액의 정확성 여부를 확인할 수가 없다. 그러므로 이들 계정의 차기이월액의 정확성 여부를 확인하기 위하여 작성하는 표를 이월시산표라 한다.

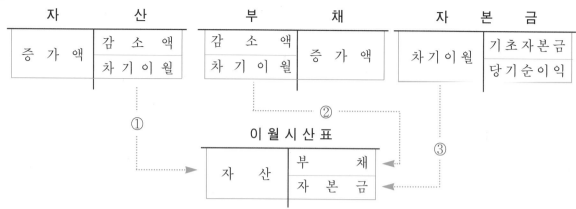

자 산			부 채			자 본 금	
증 가 액	감 소 액		감 소 액	증 가 액		차 기 이 월	기초자본금
	차 기 이 월		차 기 이 월				당기순이익

①   ②   ③

이 월 시 산 표

자 산	부 채
	자 본 금

01 다음은 총계정원장의 일부이다. 수익·비용 계정을 마감하고, 마감에 필요한 분개와 당기순이익을 자본금 계정에 대체하는 분개를 하시오.

상 품 매 출 이 익		
	×××	320,000

임 대 료		
	×××	80,000

급 여		
×××	200,000	

보 험 료		
×××	80,000	

이 자 비 용		
×××	70,000	

자 본 금		
	×××	1,000,000
	( )	( )

손	익

No.	구 분	차 변 과 목	금 액	대 변 과 목	금 액
(1)	수익 계정 대체 분개				
(2)	비용 계정 대체 분개				
(3)	당기순이익 대체 분개				

다음은 총계정원장의 일부이다. 수익·비용 계정을 마감하고, 마감에 필요한 분개와 당기순손실을 자본금 계정에 대체하는 분개를 하시오.

상 품 매 출 이 익	
	××× 120,000

수 수 료 수 익	
	××× 30,000

급 여	
××× 130,000	

임 차 료	
××× 27,000	

광 고 선 전 비	
××× 15,000	

자 본 금	
( ) ( )	××× 1,000,000

손	익

No.	구 분	차 변 과 목	금 액	대 변 과 목	금 액
(1)	수익 계정 대체 분개				
(2)	비용 계정 대체 분개				
(3)	당기순손실 대체 분개				

03 다음은 총계정원장의 일부이다. 수익·비용 계정을 마감하고, 마감에 필요한 분개와 당기순이익을 자본금 계정에 대체하는 분개를 하시오.

상 품 매 출 이 익	
	××× 280,000

임 대 료	
	××× 20,000

급 여	
××× 150,000	

세 금 과 공 과	
××× 80,000	

이 자 비 용	
××× 30,000	

자 본 금	
	××× 1,500,000
	( ) ( )

손	익

No.	구 분	차 변 과 목	금 액	대 변 과 목	금 액
(1)	수익 계정 대체 분개				
(2)	비용 계정 대체 분개				
(3)	당기순이익 대체 분개				

04 다음의 자산·부채·자본 계정을 영미식으로 마감하고, 이월시산표를 작성하시오.

현 금 (1)		
××× 380,000	×××	130,000

외 상 매 출 금 (2)		
××× 450,000	×××	320,000

상 품 (3)		
××× 500,000	×××	200,000

단 기 차 입 금 (4)		
	×××	50,000

자 본 금 (6)		
	×××	500,000
	손 익	20,000

외 상 매 입 금 (5)		
××× 190,000	×××	300,000

이 월 시 산 표
202×년 12월 31일

차 변	원면	계 정 과 목	대 변

능력 단위 요소	자가 진단 내용	문항 평가				
		매우 미흡	미흡	보통	우수	매우 우수
결산 분개하기 (0203020104_14v2.1) (3수준)	1. 나는 손익 계정에 관한 결산 대체 분개를 할 수 있다.	①	②	③	④	⑤
장부 마감하기 (0203020104_14v2.2) (3수준)	2. 나는 회계 관련 규정에 따라 총계정원장을 마감할 수 있다.	①	②	③	④	⑤

05 다음 파스칼상사의 202×년 12월 31일의 원장 각 계정 차변과 대변의 합계액은 다음과 같다.

(1) 영미식 결산법에 의한 원장 마감과 대체 분개를 표시하시오.
(2) 이월시산표를 작성하시오.
(3) 재무상태표와 손익계산서를 작성하시오.

현　　　금	(1)
750,000	400,000

외 상 매 출 금	(2)
320,000	200,000

단 기 대 여 금	(3)
100,000	

상　　　품	(4)
480,000	230,000

건　　　물	(5)
80,000	

외 상 매 입 금	(6)
170,000	320,000

지 급 어 음	(7)
150,000	210,000

단 기 차 입 금	(8)
	150,000

자 본 금	(9)
	500,000

상 품 매 출 이 익	(10)
	80,000

임 대 료	(11)
	15,000

이 자 수 익	(12)
	5,000

급　　　여	(13)
30,000	

보 험 료	(14)
8,000	

임 차 료 (15)	
5,000	

통 신 비 (16)	
7,000	

이 자 비 용 (17)	
10,000	

손 익 (18)	

이 월 시 산 표
202×년 12월 31일

차 변	원면	계 정 과 목	대 변

구 분	차변과목	금 액	대변과목	금 액
수 익 계 정 대 체 분 개				
비 용 계 정 대 체 분 개				
당 기 순 이 익 대 체 분 개				

재 무 상 태 표

파스칼상사   202×년 12월 31일 현재   단위:원

자 산	금 액	부채 · 자본	금 액

손 익 계 산 서

파스칼상사   202×년 1월 1일부터 12월 31일까지   단위:원

비 용	금 액	수 익	금 액

06 한공상사의 다음 자료에 의하여 영미식에 의한 대체 분개를 하고, 원장을 마감한 후 이월시산표를 작성하고, 재무상태표와 손익계산서를 작성하시오.

현 금	(1)
125,000	95,000

단 기 매 매 증 권	(2)
160,000	90,000

외 상 매 출 금	(3)
92,000	42,000

상 품	(4)
196,000	132,000

토 지	(5)
86,000	

외 상 매 입 금	(6)
60,000	85,000

지 급 어 음	(7)
80,000	100,000

단 기 차 입 금	(8)
	50,000

자 본 금	(9)
	200,000

상 품 매 출 이 익	(10)
	45,000

수 수 료 수 익	(11)
	3,000

잡 이 익	(12)
	2,000

급 여	(13)
24,000	

보 험 료	(14)
3,000	

통　신　비	(15)
4,000	

임　차　료	(16)
8,000	

이　자　비　용	(17)
6,000	

손　　익	(18)

이 월 시 산 표
202×년 12월 31일

차　　변	원면	계　정　과　목	대　　변

구　　분	차 변 과 목	금　액	대 변 과 목	금　액
수익 계정 대체 분개				
비용 계정 대체 분개				
당기순이익 대체 분개				

재 무 상 태 표
한공상사　　202×년 12월 31일 현재　　단위:원

자　　산	금　액	부채 · 자본	금　액

손 익 계 산 서
한공상사　　202×년 1월 1일부터 12월 31일까지　　단위:원

비　　용	금　액	수　　익	금　액

08 재무제표의 작성

01 재무제표(財務諸表 : financial statement, F/S)

일정 시점의 재무상태를 나타내는 재무상태표와 일정 기간의 경영성과를 나타내는 손익계산서를 말한다.

02 이월시산표와 재무상태표의 관계 (기초자본금이 ₩300,000인 경우)

이 월 시 산 표

차 변	계정과목	대 변
500,000	자　　　　산	
	부　　　　채	180,000
	자　본　금	320,000
500,000		500,000

재 무 상 태 표

자 산	금 액	부채·자본	금 액
자　　　산	500,000	부　　　　채	180,000
		자　본　금	300,000
		당 기 순 이 익	20,000
	500,000		500,000

03 손익 계정과 손익계산서의 관계

손　익

총 비 용	60,000	총 수 익	80,000
자 본 금	20,000		
	80,000		80,000

손 익 계 산 서

비 용	금 액	수 익	금 액
총 비 용	60,000	총 수 익	80,000
당 기 순 이 익	20,000		
	80,000		80,000

기 본 연 습 문 제

01 다음 이월시산표와 손익 계정에 의하여 재무상태표와 손익계산서를 작성하시오.

이 월 시 산 표

현　　　금	150,000	단 기 차 입 금	140,000
당 좌 예 금	120,000	외 상 매 입 금	180,000
단기매매증권	200,000	지 급 어 음	100,000
외 상 매 출 금	130,000	자 본 금	530,000
상　　　품	300,000		
토　　　지	50,000		
	950,000		950,000

재 무 상 태 표

자 산	금 액	부채·자본	금 액

손   익

급 여	135,000	상품매출이익	150,000
보 험 료	10,000	임 대 료	30,000
임 차 료	20,000	잡 이 익	20,000
이 자 비 용	5,000		
자 본 금	30,000		
	200,000		200,000

손 익 계 산 서

비 용	금 액	수 익	금 액

---

02 다음 자료에 의하여 (   )안에 알맞은 과목과 금액을 써 넣으시오.

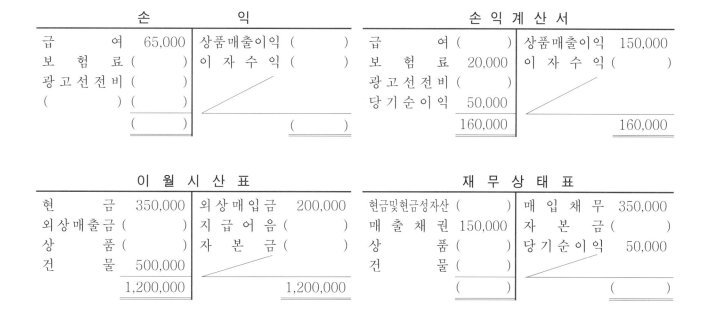

손   익

급 여	65,000	상품매출이익	( )
보 험 료	( )	이 자 수 익	( )
광 고 선 전 비	( )		
( )	( )		
	( )		( )

손 익 계 산 서

급 여	( )	상품매출이익	150,000
보 험 료	20,000	이 자 수 익	( )
광 고 선 전 비	( )		
당 기 순 이 익	50,000		
	160,000		160,000

이 월 시 산 표

현 금	350,000	외 상 매 입 금	200,000
외 상 매 출 금	( )	지 급 어 음	( )
상 품	( )	자 본 금	( )
건 물	500,000		
	1,200,000		1,200,000

재 무 상 태 표

현금및현금성자산	( )	매 입 채 무	350,000
매 출 채 권	150,000	자 본 금	( )
상 품	( )	당 기 순 이 익	50,000
건 물	( )		
	( )		( )

기출 확인 문제

1. 다음의 대화 내용은 무엇에 관한 것인가? 【FAT 59회】

① 일일자금일보 　　　　　　　　　② 총계정원장
③ 재무상태표 　　　　　　　　　　④ 시산표

2. 다음 (가), (나)의 물음에 관련된 내용으로 옳은 것은? 【제44회, 제87회】

> (가) 거래가 분개장에서 총계정원장으로 올바르게 옮겨졌는가?
> (나) 일정 기간 동안 수익과 비용은 얼마이며, 이익은 얼마인지?

① (가) 시산표, (나) 재무상태표 　　　② (가) 시산표, (나) 손익계산서
③ (가) 정산표, (나) 손익계산서 　　　④ (가) 정산표, (나) 재무상태표

3. 다음 내용을 회계의 순환 과정으로 바르게 나열한 것은? 【제58회, 63회, 84회, 93회】

> 가. 거래의 발생　　　나. 시산표 작성　　　다. 재무제표 작성　　　라. 총계정원장 기입

① 가→나→다→라　　②가→나→라→다　　③가→다→나→라　　④ 가→라→나→다

4. 다음의 손익 계정의 기입 내용을 가장 적절하게 설명한 것은? 【제48회】

손	익
⋮	⋮
12/31 자 본 금 10,000	⋮

① 당기순이익 10,000원을 자본금 계정에 대체　　② 당기순손실 10,000원을 자본금 계정에 대체
③ 추가출자액 10,000원을 손익 계정에 대체　　　④ 인출금 10,000원을 손익 계정에 대체

5. 결산의 본 절차에 해당하는 것은? 【제72회】

① 시산표 작성 　　　　　　　　　　② 결산 수정 분개
③ 총계정원장 마감 　　　　　　　　④ 재무상태표 작성

1. 그림은 회계상의 거래에 대한 토론 학습 장면이다. 토론 내용이 옳지 않은 학생을 모두 고른 것은?

① 승연, 유라   ② 채호, 주호   ③ 주호, 승연

④ 영준   ⑤ 유라, 주호

2. 그림은 거래의 종류를 나타낸 것이다. (가), (나)의 거래로 옳은 것을 <보기>에서 골라 바르게 짝지은 것은?

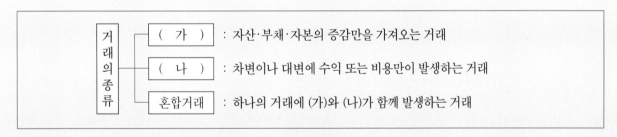

거래의 종류	(가)	: 자산·부채·자본의 증감만을 가져오는 거래
	(나)	: 차변이나 대변에 수익 또는 비용만이 발생하는 거래
	혼합거래	: 하나의 거래에 (가)와 (나)가 함께 발생하는 거래

보 기

ㄱ. 외상매입금 ₩200,000을 수표발행하여 지급하다.
ㄴ. 이번 달 전기요금 ₩35,000을 현금으로 납부하다.
ㄷ. 단기차입금 ₩500,000과 그 이자 ₩30,000을 현금으로 지급하다.

	(가)	(나)		(가)	(나)
①	ㄱ	ㄴ	②	ㄱ	ㄷ
③	ㄴ	ㄱ	④	ㄴ	ㄷ
⑤	ㄷ	ㄴ			

3. 다음은 (주)한공이 화환을 구입하고 수령한 영수증이다. (가)는 (주)한공의 직원자녀 돌잔치를 위한 구입 건이고, (나)는 거래처 직원 결혼식을 위한 구입 건이다. 이에 대한 설명으로 옳은 것은?

(가) 영 수 증	
	202X/10/22
사랑꽃화원	Tel. (02)222-6430
서울 금천구 가산로 115	
214-12-45123	

종명	수 량	단 가	금 액
돌잔치화환			40,000
		합계 :	40,000원

감사합니다.

(나) 영 수 증	
	202X/10/22
사랑꽃화원	Tel. (02)222-6430
서울 금천구 가산로 115	
214-12-45123	

종명	수 량	단 가	금 액
결혼식화환			50,000
		합계 :	50,000원

감사합니다.

① (가)는 접대비로 회계처리 한다.
② (가)와 (나) 모두 복리후생비 90,000원으로 회계처리 한다.
③ (가)와 (나) 모두 접대비 90,000원으로 회계처리 한다.
④ (나)는 접대비로 회계처리 한다.
⑤ (나)는 기부금으로 회계처리한다.

4. 다음 거래의 회계처리 시 차변 계정과목으로 옳은 것은?

> 가. 신문과 잡지 구독료 50,000원을 현금으로 지급하였다.
> 나. 거래처 직원과의 점심식사 비용 100,000원을 법인카드로 결제하였다.
> 다. 본사 건물의 재산세 1,500,000원을 보통예금 계좌에서 이체하였다.

	(가)	(나)	(다)
①	도서인쇄비	접대비	세금과공과
②	교육훈련비	여비교통비	복리후생비
③	도서인쇄비	여비교통비	세금과공과
④	교육훈련비	접대비	복리후생비
⑤	도서인쇄비	기부금	세금과공과

5. 그림은 계정에 관한 수업 장면이다. 선생님의 질문에 바르게 대답한 학생을 모두 고른 것은? 단, 제시된 계정의 잔액은 있다.

① 철수, 영희
④ 영희, 지혜
② 철수, 지혜
⑤ 길동, 지혜
③ 영희, 길동

6. 그림은 회계 순환 과정을 나타낸 것이다. 결산의 예비 절차에 속하는 (가)에 대한 설명으로 바른 것을 〈보기〉에서 고른 것은?

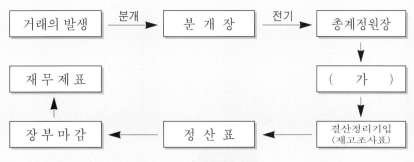

보 기

ㄱ. 종류에는 재무상태표, 손익계산서 등이 있다.
ㄴ. 대차 평균의 원리에 따라 기록의 정확성 여부를 검증한다.
ㄷ. 거래를 최초로 기입하는 장부로 차변과 대변으로 구성되어 있다.
ㄹ. 총계정원장의 잔액 또는 합계액을 한 곳에 모아 놓은 집계표이다.

① ㄱ, ㄴ
④ ㄴ, ㄹ
② ㄱ, ㄷ
⑤ ㄷ, ㄹ
③ ㄴ, ㄷ

7. 그림은 회계의 순환 과정 중 결산 절차를 나타낸 것이다. (가)에 해당하는 것을 <보기>에서 모두 고른 것은?

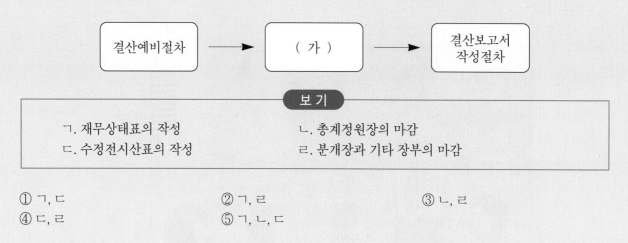

보 기
ㄱ. 재무상태표의 작성   ㄴ. 총계정원장의 마감
ㄷ. 수정전시산표의 작성   ㄹ. 분개장과 기타 장부의 마감

① ㄱ, ㄷ   ② ㄱ, ㄹ   ③ ㄴ, ㄹ
④ ㄷ, ㄹ   ⑤ ㄱ, ㄴ, ㄷ

8. 다음은 개인기업인 ○○상사의 결산 대체 분개를 기입한 분개장의 일부이다. (가)~(다)에 대한 설명으로 옳은 것을 <보기>에서 고른 것은?

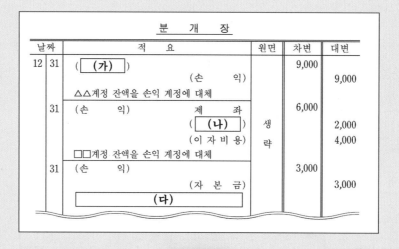

보 기
ㄱ. (가)에는 급여가 기입된다.
ㄴ. (나)에는 임대료가 기입된다.
ㄷ. (다)에는 당기순이익을 자본금 계정에 대체하는 내용이 기입된다.
ㄹ. (가)와 (나)의 계정과목은 손익계산서 계정이다.

① ㄱ, ㄴ   ② ㄱ, ㄷ   ③ ㄱ, ㄹ
④ ㄴ, ㄷ   ⑤ ㄷ, ㄹ

01 분개문제 150선

(1) 매출처 제주상사에 대한 외상매출금의 회수가 상당히 지연되고 있어 ○○법률사무소로부터 외상매출금 회수와 관련된 법률자문을 제공받고 수수료 200,000원을 우리은행 보통예금 계좌에서 이체하여 지급하였다.

　　(차) (　　　　　　) (　　　　　　) (대) (　　　　　　) (　　　　　　)

(2) 아름조경(주)에 상품을 판매하고 발급한 거래명세표이다. 대금 중 반액은 현금으로 입금 받고, 잔액은 외상으로 하였다.

　　(차) (　　　　　　) (　　　　　　) (대) (　　　　　　) (　　　　　　)
　　　　 (　　　　　　) (　　　　　　)

거래명세서 　(공급자 보관용)

공급자	등록번호	110-56-20237			공급받는자	등록번호	113-81-22110		
	상호	향기나라	성명(대표자)	이향기		상호	아름조경(주)	성명(대표자)	이아름
	사업장주소	서울특별시 서대문구 충정로 7길 29-11(충정로3가)				사업장주소	서울특별시 청계산로 11길 7-15(신원동)		
	업태	도소매업, 서비스업	종사업자번호			업태	건설업	종사업자번호	
	종목	생화, 꽃 배달				종목	조경공사		

거래일자	미수금액	공급가액	세액	총합계금액
20X1.05.27.		700,000		700,000

NO	월	일	품목명	규격	수량	단가	공급가액	세액	합계
1	05	27	빨간 장미		700	1,000	700,000		700,000

(3) 본사 국제영업부 송중기과장의 결혼식에 축하화환을 백양화원에 의뢰하고, 화환대금 ₩150,000을 스마트폰 뱅킹으로 보통예금계좌에서 이체하여 지급하다.

　　(차) (　　　　　　) (　　　　　　) (대) (　　　　　　) (　　　　　　)

(4) 거래처 가야상사 직원인 정가야 씨의 결혼식 모바일 청첩장을 문자메시지로 받고 축의금 200,000원을 보통예금 계좌에서 지급하다.

　　(차) (　　　　　　) (　　　　　　) (대) (　　　　　　) (　　　　　　)

김급관 ♥ 정가야
결혼식에 초대합니다.

20X1년 11월 6일 오후 13시
경북 대가야 웨딩홀 3층

마음 전하실 곳
가야저축은행 100-200-300 정가야

(5) 마포숯불갈비에서 영업부 종업원 회식을 하고 식사대금 ₩350,000을 현금으로 지급하고, 현금영수증을 받다.

(차) (   ) (   )   (대) (   ) (   )

(6) 상품 ₩2,000,000을 창고회사에 보관시키고, 보관료 ₩150,000을 현금으로 지급하다.

(차) (   ) (   )   (대) (   ) (   )

(7) 태풍으로 인한 피해지역에 수재민 돕기 성금으로 동아일보사에 현금 ₩3,000,000을 기탁하다.

(차) (   ) (   )   (대) (   ) (   )

(8) 사무실에서 사용하는 FAX기기 ₩300,000, FAX잉크 1개 ₩35,000을 구입하고, 현금으로 결제하다. 단, 소모품은 비용처리할 것.

(차) (   ) (   )   (대) (   ) (   )

(   ) (   )

(9) 단기차입금 ₩800,000에 대한 이자 ₩5,000을 현금으로 지급하다.

(차) (   ) (   )   (대) (   ) (   )

⑽ 서울시에서 주관하는 나눔천사 기부릴레이에 참여하여 서대문구청에 현금 1,000,000원을 기부하다.

(차) (   ) (   )   (대) (   ) (   )

⑾ 거래처의 체육행사에 협찬으로 제공하기 위해 스마트폰을 ₩700,000에 구매하고, 대금은 회사 BC카드(신용카드)로 결제하다.

(차) (   ) (   )   (대) (   ) (   )

⑿ 레몬트리에 상품을 판매하고 택배비를 현금으로 지급하고 받은 영수증이다.

(차) (   ) (   )   (대) (   ) (   )

```
CJ 대한통운

CJ 대한통운
사업자등록번호: 110-12-33529
발송점: CJ 대한통운코드 364

14494          2024/12/05       POS 03
              대행수납: 택배
택배-선불          1           5,000
==================================
내 실 돈                        5,000
내 신 돈                        5,000
거 스 름                            0
환불은 30일내 영수증 지참시에 가능합니다.
객층: 12        담당: 17      NO: 5381

2024120516262424402946
```

⒀ 자동차세 ₩250,000과 재산세 ₩320,000을 현금으로 납부하다.

(차) (   ) (   )   (대) (   ) (   )

⒁ 판매매장 직원용 유니폼을 ₩500,000에 파스칼패션에서 제작하고 대금은 체크카드(국민은행, 보통예금)로 결제하다.

(차) (   ) (   )   (대) (   ) (   )

⒂ 요한상사에 대한 외상매입금 ₩120,000을 현금으로 지급하다.
　(차) (　　　　　　) (　　　　　　) (대) (　　　　　　) (　　　　　　)

⒃ 추석명절을 맞이하여 종업원들에게 지급할 선물(올리브유세트)를 하모니마트에서 구입하고, 대금 ₩1,000,000은 현금으로 지급하다.
　(차) (　　　　　　) (　　　　　　) (대) (　　　　　　) (　　　　　　)

⒄ 거래처에 제품 할인 판매 안내장을 서울 ○○우체국에서 등기 우편으로 발송하고, 발송요금 ₩4,000을 현금으로 지급하다. 그리고 모바일로 등기 영수증을 받다.
　(차) (　　　　　　) (　　　　　　) (대) (　　　　　　) (　　　　　　)

⒅ 김포상사의 외상매출금 ₩250,000을 현금으로 회수하다.
　(차) (　　　　　　) (　　　　　　) (대) (　　　　　　) (　　　　　　)

⒆ 가나전자에서 상품인 컴퓨터부품 ₩500,000을 외상으로 매입하고, 당사 부담의 운반비 ₩8,000을 한결택배에 현금으로 지급하다.
　(차) (　　　　　　) (　　　　　　) (대) (　　　　　　) (　　　　　　)
　　　　　　　　　　　　　　　　　　　　　(　　　　　　) (　　　　　　)

⒇ 상품매출을 알선하고, 중개수수료 ₩20,000을 현금으로 받다.
　(차) (　　　　　　) (　　　　　　) (대) (　　　　　　) (　　　　　　)

㉑ 우표 및 엽서 구입대금 ₩120,000을 현금으로 지급하다.
　(차) (　　　　　　) (　　　　　　) (대) (　　　　　　) (　　　　　　)

㉒ 기말 결산 시 마이너스 통장인 행복은행의 보통예금 기말잔액이 −900,000원이다. (기말 잔액이 음수가 되지 않도록 적절한 계정으로 대체하되, 음수로 입력하지 말 것)
　(차) (　　　　　　) (　　　　　　) (대) (　　　　　　) (　　　　　　)

㉓ 상공회의소 회비 ₩50,000을 현금으로 지급하다.
　(차) (　　　　　　) (　　　　　　) (대) (　　　　　　) (　　　　　　)

㉔ 업무용 자동차 보험료를 보통예금 계좌에서 이체하여 지급하다.
　(차) (　　　　　　) (　　　　　　) (대) (　　　　　　) (　　　　　　)

자동차보험증권

증 권 번 호	3355897		계　약　일	20X1 년 12 월 1 일
보 험 기 간	20X1 년 12 월 1 일 00:00부터			20X2 년 12 월 1 일 24:00까지
보 험 계 약 자	행복한산행		주민(사업자)번호	124-32-67180
피 보 험 자	행복한산행		주민(사업자)번호	124-32-67180

보험료 납입사항

총보험료	60 만원	납입보험료	60 만원	미납입 보험료	0 원

㉕ 기업주의 자녀 등록금 ₩1,500,000을 현금으로 지급하다.
　(차) (　　　　　　) (　　　　　　) (대) (　　　　　　) (　　　　　　)

㉖ 금고에 보관중이던 현금 ₩620,000을 도난 당하다.
　(차) (　　　　　　) (　　　　　　) (대) (　　　　　　) (　　　　　　)

(27) 수표 ₩200,000을 발행하여 현금을 인출하다.
　　(차) (　　　　　) (　　　　　) 　　(대) (　　　　　) (　　　　　)

(28) 기업주가 개인사용으로 현금 ₩500,000을 인출하다.
　　(차) (　　　　　) (　　　　　) 　　(대) (　　　　　) (　　　　　)

(29) 당사의 장부기장을 의뢰하고 있는 파스칼회계법인에 장부기장수수료 ₩300,000을 인터넷뱅킹으로 보통예금계좌에서 이체하여 지급하다.
　　(차) (　　　　　) (　　　　　) 　　(대) (　　　　　) (　　　　　)

(30) 영업용 컴퓨터 ₩2,500,000을 외상으로 구입하다.
　　(차) (　　　　　) (　　　　　) 　　(대) (　　　　　) (　　　　　)

(31) 단기대여금 ₩300,000에 대한 이자 ₩5,000을 현금으로 받다.
　　(차) (　　　　　) (　　　　　) 　　(대) (　　　　　) (　　　　　)

(32) 조선일보의 신문광고료 ₩5,000,000을 수표를 발행하여 지급하다.
　　(차) (　　　　　) (　　　　　) 　　(대) (　　　　　) (　　　　　)

(33) 한강상사의 단기차입금 ₩500,000과 그에 대한 이자 ₩20,000을 당점 보통예금 계좌에서 한강상사 계좌로 이체하여 지급하다.
　　(차) (　　　　　) (　　　　　) 　　(대) (　　　　　) (　　　　　)
　　　　 (　　　　　) (　　　　　)

(34) 업무용 승용차를 세차하고, 세차비용 ₩100,000을 현금으로 지급하다.
　　(차) (　　　　　) (　　　　　) 　　(대) (　　　　　) (　　　　　)

(35) 본사 영업부 직원들의 업무 역량 강화를 위해 외부 강사를 초청하여 교육을 진행하고, 강사료 ₩1,000,000을 현금으로 지급하다.
　　(차) (　　　　　) (　　　　　) 　　(대) (　　　　　) (　　　　　)

(36) 남대문상사에 상품 ₩500,000(원가 ₩380,000)을 외상매출하고, 발송운임 ₩20,000을 현금으로 지급하다.
　　(차) (　　　　　) (　　　　　) 　　(대) (　　　　　) (　　　　　)
　　　　 (　　　　　) (　　　　　) 　　　　 (　　　　　) (　　　　　)
　　　　　　　　　　　　　　　　　　　　 (　　　　　) (　　　　　)

(37) 거래처 고객에 대한 다과대금 ₩20,000을 현금으로 지급하다.
　　(차) (　　　　　) (　　　　　) 　　(대) (　　　　　) (　　　　　)

(38) 석유 히터를 가동하고, 석유대금 ₩120,000을 현금으로 지급하다.
　　(차) (　　　　　) (　　　　　) 　　(대) (　　　　　) (　　　　　)

(39) 컴퓨터의 품질검사를 위해 한국공업으로부터 기계장치(유형자산)를 ₩1,500,000에 구입하고, 대금 중 ₩1,000,000은 현금으로 지급하고, 잔액은 1개월 후에 지급하기로 하다.
　　(차) (　　　　　) (　　　　　) 　　(대) (　　　　　) (　　　　　)
　　　　　　　　　　　　　　　　　　　　 (　　　　　) (　　　　　)

(40) 창고에 보관중이던 폐품 ₩20,000을 처분하고, 현금으로 받다.
　　(차) (　　　　　) (　　　　　) 　　(대) (　　　　　) (　　　　　)

(41) 청소 도구 ₩10,000을 구입하고 현금으로 지급하다. 단, 비용처리할 것.
  (차) (   ) (   )   (대) (   ) (   )

(42) 단기대여금 ₩250,000과 이자 ₩3,000을 함께 수표로 받다.
  (차) (   ) (   )   (대) (   ) (   )
                                        (   ) (   )

(43) 외상매입금 ₩150,000을 수표를 발행하여 지급하다.
  (차) (   ) (   )   (대) (   ) (   )

(44) 본사는 직원의 업무관련 교육을 위해 (주)인재개발원에 학원수강료 ₩200,000을 현금으로 결제하고 현금영수증을 수령하다.
  (차) (   ) (   )   (대) (   ) (   )

(45) 상품 ₩200,000을 현금 매입하다.
  (차) (   ) (   )   (대) (   ) (   )

(46) 종업원 강호동 씨를 월급 ₩800,000을 지급하기로 하고 채용하다.
  (차) (   ) (   )   (대) (   ) (   )

(47) 신도리코에서 중고복사기 1대 ₩500,000에 구입하고, 대금은 현금으로 지급하다.
  (차) (   ) (   )   (대) (   ) (   )

(48) 설악상사에서 상품 ₩600,000을 매입하고, 대금 중 ₩400,000은 수표를 발행하여 지급하고, 잔액은 50일 만기의 약속어음을 발행하여 지급하다.
  (차) (   ) (   )   (대) (   ) (   )
                                        (   ) (   )

(49) ABC산업에 6개월동안 ₩150,000을 연이율 10%로 대여하기로 약정하고, 현금으로 지급하다.
  (차) (   ) (   )   (대) (   ) (   )

(50) 대전상사에 상품 100개 @₩5,000(원가 @₩3,000)을 매출하고, 대금은 약속어음으로 받다.
  (차) (   ) (   )   (대) (   ) (   )
                                        (   ) (   )

(51) 판매용 운동화를 ₩15,000,000에 판매하기로 하고, 계약대금의 30%를 당좌예금계좌로 받다.
  (차) (   ) (   )   (대) (   ) (   )

(52) 외상매입금 ₩200,000을 약속어음 발행하여 지급하다.
  (차) (   ) (   )   (대) (   ) (   )

(53) 상품배송용 화물차에 대한 자동차종합보험을 삼성화재에 가입하고 1년분 보험료 ₩240,000을 현금으로 지급하다. (단, 보험료 지급은 자산으로 처리할 것.)
  (차) (   ) (   )   (대) (   ) (   )

(54) 거래은행에 6개월 만기의 정기예금을 가입하고 현금 ₩800,000을 예입하다.
  (차) (   ) (   )   (대) (   ) (   )

(55) 원가 ₩200,000의 상품을 ₩150,000에 현금 매출하다.
  (차) (   ) (   )   (대) (   ) (   )
       (   ) (   )

(56) 삼성전자 주식 ₩500,000을 구입하고, 대금은 수표를 발행하여 지급하다.
  (차) (   ) (   )   (대) (   ) (   )

(57) 전화요금 ₩80,000과 인터넷 사용료 ₩45,000을 현금으로 납부하다.
   (차) (   ) (   )　(대) (   ) (   )

(58) 설악상사에 상품 ₩1,000,000을 주문하고, 착수금 ₩200,000을 현금으로 지급하다.
   (차) (   ) (   )　(대) (   ) (   )

(59) 주차장 부지 조성을 위해 토지 100평 ₩5,000,000을 구입하고 현금으로 지급하다.
   (차) (   ) (   )　(대) (   ) (   )

(60) 사무실 월세 ₩150,000을 현금으로 받다.
   (차) (   ) (   )　(대) (   ) (   )

(61) 거래은행에 현금 ₩300,000을 보통예금하다.
   (차) (   ) (   )　(대) (   ) (   )

(62) 사용 중이던 비품 ₩200,000을 처분하고, 대금은 월말에 받기로 하다.
   (차) (   ) (   )　(대) (   ) (   )

(63) 광고용 전단을 인쇄하여 배포하고 인쇄대금 ₩40,000을 현금으로 지급하다.
   (차) (   ) (   )　(대) (   ) (   )

(64) 제주상사에서 상품 ₩500,000을 주문받다.
   (차) (   ) (   )　(대) (   ) (   )

(65) 택시요금 ₩15,000을 현금으로 지급하다.
   (차) (   ) (   )　(대) (   ) (   )

(66) 거래처 호남상사로부터 외상매출금 중 ₩3,000,000은 현금으로 회수하고, ₩5,000,000은 보통예금 통장으로 입금받다.
   (차) (   ) (   )　(대) (   ) (   )
       (   ) (   )

(67) 앞서 외상으로 구입하였던 비품 대금 ₩230,000을 현금으로 지급하다.
   (차) (   ) (   )　(대) (   ) (   )

(68) 상품 배송용 트럭의 노후 부품을 견적서대로 교체하고 대금은 4월 말에 지급하기로 하였다.
   (차) (   ) (   )　(대) (   ) (   )

견 적 서

No. _____

202X년 4월 13일

헤이마마 **귀하**

아래와 같이 견적합니다.

	등 록 번 호	119-86-34055		
공	상호(법인명)	(주)금손공업사	성 명	김민중
급	사 업 장 주 소	서울특별시 금천구 시흥대로 153길 72		
자	업 태	서비스업	종목	자동차수리
	전 화 번 호	02-857-3135/fax:02-857-3136		

합 계 금 액				육십만원整 (₩ 600,000)	
품 명	규 격	수 량	단 가	공 급 가 액	비 고
타이어 교체				450,000	
라이닝 교체				50,000	
배터리 교체				100,000	

(69) 서울시에서 주관하는 나눔천사 기부릴레이에 참여하여 서대문구청에 현금 1,000,000원을 기부하다.
(차) (   ) (   )   (대) (   ) (   )

(70) 영업용 책상, 의자, 응접세트 ₩700,000을 구입하고, 운반비 ₩30,000과 함께 현금으로 지급하다.
(차) (   ) (   )   (대) (   ) (   )

(71) 현금 ₩800,000을 출자하여 커피전문점을 개업하다.
(차) (   ) (   )   (대) (   ) (   )

(72) 거래처로부터 개업축하금으로 받은 현금 ₩100,000을 잡이익으로 처리하다.
(차) (   ) (   )   (대) (   ) (   )

(73) 상품 ₩520,000(원가 ₩380,000)을 현금으로 매출하고, 대금 중 ₩200,000은 즉시 거래은행에 당좌예입하다.
(차) (   ) (   )   (대) (   ) (   )
(   ) (   )   (   ) (   )

(74) 회사대표 정요한씨의 명함을 디자인명함에서 인쇄 제작하였다. 대금은 현금으로 지급하고, 현금영수증을 다음과 같이 수취하였다.
(차) (   ) (   )   (대) (   ) (   )

디자인명함			
107-36-25785		박한준	
서울특별시 영등포구 여의도동 44-3		TEL : 1566-5580	
홈페이지 http://www.dhan.com			
현금(지출증빙)			
구매 202X/08/12/15:35		거래번호 : 202X0812-010	
상품명	수량	단가	금액
명함제작 202X08121535010	1	20,000	20,000
		합 계	20,000
		받은금액	20,000

(75) 관리부 담당직원의 모친상에 부의금 ₩100,000을 현금으로 지급하다.
(차) (   ) (   )   (대) (   ) (   )

(76) 거래처 대한기업에 다음과 같이 상품을 매출하다. 단, 원가율은 판매금액에 80%이다.

품 목	수량(Box)	단가(원)	금액(원)	결 제
복사용지	70	20,000	1,400,000	현금 1,000,000원 외상 2,000,000원
볼 펜	100	16,000	1,600,000	
계			3,000,000	

(차) (   ) (   )   (대) (   ) (   )
(   ) (   )   (   ) (   )

(77) 매장건물에 대한 화재보험료 1년분 ₩500,000을 현금으로 지급하다.(비용처리 할 것)
(차) (   ) (   )   (대) (   ) (   )

(78) 거래은행인 국민은행에서 ₩500,000을 신용대출받아 보통예금에 입금하다.(상환기간 10개월, 이율 연5%)
(차) (   ) (   )   (대) (   ) (   )

(79) 기업주가 가사용으로 판매용 상품 원가 ₩50,000을 가져가다. (자본금 계정으로 처리할 것)

(차) (　　　　　) (　　　　　) (대) (　　　　　) (　　　　　)

(80) 강촌상사에 현금 ₩1,000,000을 대여하다. 기한 3년, 이율 연 10%

(차) (　　　　　) (　　　　　) (대) (　　　　　) (　　　　　)

(81) 폐기 예정 비품 장부금액 ₩230,000을 매각하고, 대금은 월말에 받기로 하다.

(차) (　　　　　) (　　　　　) (대) (　　　　　) (　　　　　)

(82) 현금 ₩2,000,000(차입금 ₩500,000 포함), 건물 ₩3,000,000을 출자하여 영업을 개시하다.

(차) (　　　　　) (　　　　　) (대) (　　　　　) (　　　　　)
　　　 (　　　　　) (　　　　　) 　　 (　　　　　) (　　　　　)

(83) 부산상사의 외상매입금 ₩800,000 중 ₩300,000을 현금으로 지급하다.

(차) (　　　　　) (　　　　　) (대) (　　　　　) (　　　　　)

(84) 대표자가 사업과 관련 없이 개인적으로 사용하는 차량에 부과된 과태료 50,000원을 현금으로 납부하였다.

(차) (　　　　　) (　　　　　) (대) (　　　　　) (　　　　　)

(85) 인터넷요금 고지서에 의한 인터넷요금이 납기일에 농협은행 보통예금 계좌에서 이체되었다.

(차) (　　　　　) (　　　　　) (대) (　　　　　) (　　　　　)

kt 광랜 모바일명세서		20X1.08.
납부급액		**120,500원**
이용총액		120,500원
이용기간	20X1.08.01. ~ 20X1.08.31.	
서비스번호		59141325
명세서번호		937610125
납기일		20X1.09.29.

(86) 영업부 출장용 승용차량의 자동차세 260,000원을 현금으로 납부하다.

(차) (　　　　　) (　　　　　) (대) (　　　　　) (　　　　　)

(87) 매출처의 신규 매장 개업식을 위하여 정원꽃집에서 화환을 주문하면서 대금은 현금으로 지급하고 아래와 같은 현금영수증을 수령하다.

(차) (　　　　　) (　　　　　) (대) (　　　　　) (　　　　　)

현 금 영 수 증 (지 출 증 빙 용)									
CASH RECEIPT									
사업자등록번호		201-90-45673							
현금영수증가맹점명		정원꽃집							
대표자		김정원							
주소 전화번호		인천 동구 송림동 31 032-459-8751							
품명	생화		승인번호			54897			
거래일시	202X.10.28		취소일자						
단위		백			천				원
금액 AMOUNT			1	5	0	0	0	0	0
부가세 V.A.T									
봉사료 TIPS									
합계 TOTAL			1	5	0	0	0	0	0

(88) 서울상사의 주식 100주 1주당 액면금액 ₩5,000을 구입하고, 대금은 현금으로 지급하다.
(차) (   ) (   )   (대) (   ) (   )

(89) 씨티은행과 당좌거래 계약을 맺고 현금 ₩2,000,000을 예입하다.
(차) (   ) (   )   (대) (   ) (   )

(90) 영업용 건물 1동 ₩3,000,000을 구입하고, 대금은 현금으로 지급하다.
(차) (   ) (   )   (대) (   ) (   )

(91) 상품 ₩100,000을 외상으로 매입하다.
(차) (   ) (   )   (대) (   ) (   )

(92) 야근한 당사 직원의 야식비 ₩50,000 현금 지급한 것을 거래처 직원과의 식사대금으로 잘못 처리한 것을 뒤늦게 판명하다.
(차) (   ) (   )   (대) (   ) (   )

(93) 수표 ₩750,000을 발행하여 A상점에 대여하다.
(차) (   ) (   )   (대) (   ) (   )

(94) 업무와 관련된 도서구입대금 ₩50,000을 현금으로 지급하다.
(차) (   ) (   )   (대) (   ) (   )

(95) 외상매출금 ₩300,000을 거래처발행 수표로 받다.
(차) (   ) (   )   (대) (   ) (   )

(96) 영업용 건물을 임차하고, 6개월분 월세 ₩420,000을 현금으로 지급하다.
(차) (   ) (   )   (대) (   ) (   )

(97) 종업원 급여를 지급하기 위하여 수표 ₩300,000을 발행하여 현금을 인출하다.
(차) (   ) (   )   (대) (   ) (   )

(98) 청주상사로 부터 상품주문 착수금 ₩50,000을 현금으로 받다.
(차) (   ) (   )   (대) (   ) (   )

(99) 거래은행에서 현금 ₩5,000,000을 대출받기로 하고 건물 ₩8,000,000을 담보로 제공하다.
(차) (   ) (   )   (대) (   ) (   )

(100) 설날을 맞이해 직원선물용 과일바구니 ₩500,000과 거래처선물용 홍삼세트 ₩200,000을 비자카드로 결제하다.(부채계정은 미지급금으로 할 것)
(차) (   ) (   )   (대) (   ) (   )
     (   ) (   )

(101) 본사 종업원의 일직비(당직비) ₩50,000을 현금으로 지급하다.
(차) (   ) (   )   (대) (   ) (   )

(102) 종업원의 연말선물 구입대금 ₩300,000을 현금으로 지급하다.
(차) (   ) (   )   (대) (   ) (   )

(103) 현금 ₩1,000,000(차입금 ₩200,000 포함)으로 영업을 개시하다.
(차) (   ) (   )   (대) (   ) (   )
                                                         (   ) (   )

(104) 10월분 사무실 월세를 보통예금 계좌에서 이체하여 지급하다.

(차) (   ) (   )   (대) (   ) (   )

(사 무 실) 월 세 계 약 서				□ 임 대 인 용 ■ 임 차 인 용 □ 사무소보관용	
부동산의 표시	소재지	서울특별시 서대문구 충정로7길 29-11 (충정로3가)			
	구 조	철근콘크리트조	용도	사무실	면적	80㎡
월 세 보 증 금		금 60,000,000원정	월세	1,300,000원정	

제 1 조 위 부동산의 임대인과 임차인 합의하에 아래와 같이 계약함.
제 2 조 위 부동산의 임대차에 있어 임차인은 보증금을 아래와 같이 지불키로 함.

계 약 금	원정은 계약시 지불하고
중 도 금	원정은 년 월 일 지불하며
잔 금	60,000,000원정은 20X1년 9월 2일 중개업자 입회하에 지불함.

제 3 조 위 부동산의 명도는 20X1년 9월 2일로 함.
제 4 조 임대차 기간은 20X1년 9월 2일로부터 (24)개월로 함.
제 5 조 **월세금액은 매월 (20)일에 지불키로** 하되 만약 기일내에 지불치 못할 시에는 보증금액에서
      공제키로함.(국민은행, 계좌번호: 801210-52-072659, 예금주: 김하늘)

～～～～～～～～～～ 중 략 ～～～～～～～～～～

임 대 인	주 소	서울 구로구 경인로 638				
	주 민 등 록 번 호	651214-2415111	전화번호	02-555-1255	성명	김하늘

(105) 당사 경리부 여직원의 결혼으로 축의금 ₩100,000을 현금으로 지급하고 증빙으로 청첩장을 첨부하다.

(차) (   ) (   )   (대) (   ) (   )

(106) 중소기업박람회 전시장을 1개월간 임차하고, 현금 ₩200,000을 지급하다.

(차) (   ) (   )   (대) (   ) (   )

(107) 거래처에 전달할 선물용 갈비세트를 현대백화점에서 구입하고, 대금 ₩250,000은 현금으로 지급하였다.

(차) (   ) (   )   (대) (   ) (   )

(108) 거래처 구매 담당자의 결혼축하금 ₩50,000을 현금으로 지급하다.

(차) (   ) (   )   (대) (   ) (   )

(109) 거래처 한국상사 대표의 부친상가에 조화를 보내고, 대금 ₩100,000을 현금으로 지급하였다.

(차) (   ) (   )   (대) (   ) (   )

(110) 신입사원 채용을 위하여 생활정보지 벼룩시장에 채용광고를 게재하고, 대금 ₩80,000은 현금으로 지급하다.

(차) (   ) (   )   (대) (   ) (   )

(111) 신제품의 거리홍보 시 지급할 판촉물을 납품받고, 대금 ₩150,000을 현금으로 지급하다.

(차) (   ) (   )   (대) (   ) (   )

(112) 배달용 화물차의 유류대금 ₩30,000을 현금으로 지급하고 영수증을 받았다.

(차) (   ) (   )   (대) (   ) (   )

(113) 영업용 승용차의 고속도로 통행료 ₩5,000을 현금으로 지급하다.

(차) (   ) (   )   (대) (   ) (   )

⑴⒁ 거래처가 사용할 KF94 마스크를 100,000원에 현금 구입하고 현금영수증을 받았다.

　(차) (　　　　　) (　　　　　)　　(대) (　　　　　) (　　　　　)

서대문상회

110-36-62151　　　　　　　정요한
서울특별시 서대문구 충정로 44　　TEL : 1566-4451

홈페이지 http://www.kacpta.or.kr

현금영수증(지출 증빙용)

구매 20x1/09/20/14:45　　거래번호 : 20x10920-0105

상품명	수량	단가	금액
KF94 마스크	200	500	100,000원
		물품 가액	100,000원
		합　　계	100,000원
		받은 금액	100,000원

⑴⒂ 아프리카 난민돕기를 위해 국제구호단체에 현금 ₩500,000을 기부하였다.
　(차) (　　　　　) (　　　　　)　　(대) (　　　　　) (　　　　　)

⑴⒃ 매장에서 사용할 형광등 ₩3,000, 장갑 등 ₩6,000을 현금으로 구입하였다. 단, 소모품은 비용계정으로 처리할 것.
　(차) (　　　　　) (　　　　　)　　(대) (　　　　　) (　　　　　)

⑴⒄ 사무실의 유선방송 시청료 ₩10,000을 현금으로 지급하다.
　(차) (　　　　　) (　　　　　)　　(대) (　　　　　) (　　　　　)

⑴⒅ 연말연시를 맞아 사회복지시설 천사의 집에 현금 ₩200,000을 전달하다.
　(차) (　　　　　) (　　　　　)　　(대) (　　　　　) (　　　　　)

⑴⒆ 종업원의 야유회 비용 ₩300,000을 현금으로 지급하다.
　(차) (　　　　　) (　　　　　)　　(대) (　　　　　) (　　　　　)

⑴⒇ 삼성전자에서 사무실용 에어컨 ₩1,000,000을 구입하고, 대금 중 ₩300,000은 수표를 발행하여 지급하고, 잔액은 외상으로 하다.
　(차) (　　　　　) (　　　　　)　　(대) (　　　　　) (　　　　　)
　　　　　　　　　　　　　　　　　　　　(　　　　　) (　　　　　)

⑴⑵⑴ 사무실 전기요금 ₩57,560이 보통예금계좌에서 자동이체 납부되었음을 통장정리를 하여 확인하였다.
　(차) (　　　　　) (　　　　　)　　(대) (　　　　　) (　　　　　)

⑴⑵⑵ 종업원의 유니폼 ₩250,000을 구입하고, 현금으로 지급하다.
　(차) (　　　　　) (　　　　　)　　(대) (　　　　　) (　　　　　)

⑴⑵⑶ 거래처의 사업확장 축하 화분 ₩50,000을 현금으로 구입하여 전달하였다.
　(차) (　　　　　) (　　　　　)　　(대) (　　　　　) (　　　　　)

(124) 대한은행에서 1개월 후 ₩10,000,000(연이율 6%, 상환기일 2년 후)을 차용하기로 약속하였다.
　　　(차) (　　　　　　) (　　　　　　)　　　(대) (　　　　　　) (　　　　　　)

(125) 기아자동차에서 영업용 차량 1대를 ₩8,000,000에 구입하고, 대금 중 ₩2,000,000은 현금으로 지급하고, 잔액은 6개월 무이자 할부로 하다.
　　　(차) (　　　　　　) (　　　　　　)　　　(대) (　　　　　　) (　　　　　　)
　　　　　　　　　　　　　　　　　　　　　　　　　　(대) (　　　　　　) (　　　　　　)

(126) 회계기말에 손익계정 차변합계가 ₩250,000, 대변합계가 ₩350,000이었다. 차액을 자본금계정에 대체하는 경우의 분개는?
　　　(차) (　　　　　　) (　　　　　　)　　　(대) (　　　　　　) (　　　　　　)

(127) 매장에서 발생한 재활용 빈박스를 처분하고, 대금 ₩10,000은 현금으로 받다.
　　　(차) (　　　　　　) (　　　　　　)　　　(대) (　　　　　　) (　　　　　　)

(128) 비대면 재택근무를 위한 회계세무소프트웨어 '위하고(웹버전)'를 구입하고, 구입대금은 다음달 말일에 지급하기로 하다. 단, 무형자산인 '소프트웨어' 계정으로 처리할 것.
　　　(차) (　　　　　　) (　　　　　　)　　　(대) (　　　　　　) (　　　　　　)

	거래명세서			(공급받는자 보관용)				

공급자	등록번호	119-81-24789			공급받는자	등록번호	110-23-02115	
	상호	(주)더존소프트	성명(대표자)	박용철		상호	더향기로와	성명(대표자) 김향기
	사업장주소	서울특별시 금천구 가산로 80				사업장주소	서울특별시 강남구 강남대로 246(도곡동, 다림빌딩) 101호	
	업태	도소매업	종사업자번호			업태	도매 및 소매업	종사업자번호
	종목	소프트웨어				종목	화장품, 비누 및 방향제	

거래일자	미수금액	공급가액	총합계금액
20X1.07.20.		2,700,000	2,700,000

NO	월	일	품목명	규격	수량	단가	공급가액	합계
1	07	20	위하고(웹버전)				2,700,000	2,700,000

(129) 영업용 차량의 주차위반과태료 ₩40,000을 현금으로 지급하다.
　　　(차) (　　　　　　) (　　　　　　)　　　(대) (　　　　　　) (　　　　　　)

(130) 매장의 도난방지 장치의 관리유지비 ₩120,000을 SECOM에 현금으로 지급하다.
　　　(차) (　　　　　　) (　　　　　　)　　　(대) (　　　　　　) (　　　　　　)

(131) 한국상사에 대한 외상매입금 중 ₩80,000과 이체수수료 ₩1,000을 결제하기 위해 보통예금계좌에서 이체하다.
　　　(차) (　　　　　　) (　　　　　　)　　　(대) (　　　　　　) (　　　　　　)
　　　　　(　　　　　　) (　　　　　　)

(132) 세무상사에 상품 ₩5,000,000을 판매하고 판매대금 중 ₩3,000,000은 세무상사에 대한 외상매입금과 상계하고 나머지는 현금으로 받다.
　　　(차) (　　　　　　) (　　　　　　)　　　(대) (　　　　　　) (　　　　　　)
　　　　　(　　　　　　) (　　　　　　)

(133) 당사가 하나은행으로부터 ₩7,000,000을 5개월간 차입하고 선이자 ₩200,000을 차감한 잔액이 당사 보통예금에 계좌이체되다. 단, 선이자는 바로 비용처리한다.
(차) (   ) (   )   (대) (   ) (   )

(134) 당사는 20×1년 초에 사업확장을 위해 신영종합금융에서 ₩10,000,000을 차입하여 즉시 보통예금에 이체하다. (상환예정일 : 20×4년 12월 31일 이자지급일 매월 30일 이율 연 6%)
(차) (   ) (   )   (대) (   ) (   )

(135) 갑작스런 폭설로 피해를 입은 농민을 돕기 위해 현금 ₩3,000,000을 한국방송공사에 지급하다.
(차) (   ) (   )   (대) (   ) (   )

(136) 국민카드사의 청구에 의해 당사의 국민카드 사용금액인 미지급금 ₩520,000이 당사의 보통예금에서 인출되어 지급됨을 인터넷뱅킹을 통해 확인하다.
(차) (   ) (   )   (대) (   ) (   )

(137) 거래처 알파문구에 10개월 후에 회수하기로 약정한 차입금증서를 받고 현금 ₩1,000,000을 대여하여 주다.
(차) (   ) (   )   (대) (   ) (   )

(138) 서울상사로부터 전년도 외상매출금 미수액 중 ₩3,000,000을 보통예금 통장으로 입금받다.
(차) (   ) (   )   (대) (   ) (   )

(139) 매출처 부산가구의 외상매출금 ₩3,000,000을 7개월 후 상환조건의 대여금으로 전환하다.
(차) (   ) (   )   (대) (   ) (   )

(140) 당사는 9월 16일부터 창고를 임차하였으며, 월 임차료(1일 ~ 말일까지)는 ₩3,000,000이나 9월분 임차료 해당액(월 임차료의 50%)을 9월 30일에 현금으로 지급하다.
(차) (   ) (   )   (대) (   ) (   )

(141) 성수기를 맞이하여 상품포장을 위해 일용직 근로자 5명을 일당 ₩50,000에 고용하여 ₩250,000을 현금으로 지급하다.
(차) (   ) (   )   (대) (   ) (   )

(142) 연말을 맞이하여 사랑의 연탄은행에 ₩2,000,000을 현금으로 기부하다.
(차) (   ) (   )   (대) (   ) (   )

(143) 당점이 소유하고 있던 영업용 트럭을 제일카센터에서 수리하고 수리대금 ₩150,000을 현금으로 지급하다. (차량유지비 계정을 사용하여 회계처리할 것)
(차) (   ) (   )   (대) (   ) (   )

(144) 대표자 자택에서 사용할 가구를 상록가구에서 ₩600,000에 현금으로 구입하고 인출금계정으로 회계처리하다.
(차) (   ) (   )   (대) (   ) (   )

(145) 당사 영업사원의 부친 회갑연 축하화환 ₩100,000, 거래처 직원 부친상 조문화환 ₩100,000을 팔도꽃배달에 주문하고 화환대금인 ₩200,000을 보통예금 통장에서 이체하다.
(차) (   ) (   )   (대) (   ) (   )
(   ) (   )

⑴⁴⁶ 추석 선물로 홍삼세트 ₩1,000,000을 신용카드(비씨카드)로 결제하고 구입하여, ₩600,000은 본사 경리부 직원에게 지급하고, 나머지 ₩400,000은 접대를 위하여 거래처(매출처) 직원에게 전달하다.

    (차) (   ) (   ) (대) (   ) (   )
               (   ) (   )

⑴⁴⁷ 서울상사에 상품을 외상으로 매출하면서 발생한 운반비 ₩30,000의 현금 지출이 누락되었음을 확인하다. 단, 외상매출 거래는 분개하였다.

    (차) (   ) (   ) (대) (   ) (   )

⑴⁴⁸ 한국일보에 사원 모집을 위한 광고를 의뢰하고 광고비용 ₩500,000을 현금으로 지급하였다.

    (차) (   ) (   ) (대) (   ) (   )

⑴⁴⁹ 회사와 자매결연을 맺고 있는 밀알복지재단에 영화입장권을 현금으로 구입하여 전달하였다.

    (차) (   ) (   ) (대) (   ) (   )

```
   롯데시네마   영화입장권
   LOTTE CINEMA  (영수증 겸용)
                          [전체발권]
============================================
(디지털) 검정고무신

-(전체)

202X-7-23 4회
16:05 - 17:50
4층 2관 H열 1번 ~ K열 4번
--------------------------------------------
일반    10,000원(20명)
Total   200,000원
============================================
현금(지출증명)
고객명
신분확인번호       1102302115
현금영수증승인     C28774210/200,000원
--------------------------------------------
롯데시네마
(313-87-00979)
          - 이 하 생 략 -
```

⑴⁵⁰ 남대문의류상사는 의류판매를 위한 광고전단지를 한국기획에서 제작하고, 전단지제작비 ₩600,000을 1개월 후에 지급하기로 하다.

    (차) (   ) (   ) (대) (   ) (   )

[NCS 연결고리]

능력 단위	전표 관리 (0203020101_14v2)	능력 단위 요소 (수준)	증빙 서류 관리하기(0203020101_14v2.3)(3수준)
영역과의 관계	회계상 거래를 인식하고, 분개를 통한 전표 작성 및 이에 따른 증빙 서류를 처리하고 관리하는데 도움이 될 것이다.		

능력 단위 요소	자가 진단 내용	문항 평가				
		매우 미흡	미흡	보통	우수	매우 우수
증빙 서류 관리하기 (0203020101_14v2.3) (3수준)	1. 나는 발생한 거래에 따라 필요한 관련 서류 등을 확인하여 증빙 여부를 검토할 수 있다.	①	②	③	④	⑤
	2. 나는 발생한 거래에 따라 필요한 관련 규정을 준수하여 증빙 서류를 구분·대조할 수 있다.	①	②	③	④	⑤
	3. 나는 증빙 서류 관련 규정에 따라 제 증빙 자료를 관리할 수 있다.	①	②	③	④	⑤

02 전표회계

01 전표(Slip)회계

전표란 거래를 최초로 기록하고 또 관련 부서에 전달할 수 있도록 일정한 양식을 갖춘 용지를 말한다. 따라서 전표는 분개장을 대신 사용하여 원장에 전기하는 것으로, 장부 조직을 간소화하는 장점이 있다.

【 NCS 연결고리 】

능력 단위	전표 관리 (0203020101_14v2)	능력 단위 요소 (수준)	전표 작성하기(0203020101_14v2.2)(3수준)
영역과의 관계	회계상 거래를 인식하고, 분개를 통한 전표를 작성하고 관리하는데 도움이 될 것이다.		

02 전표의 종류

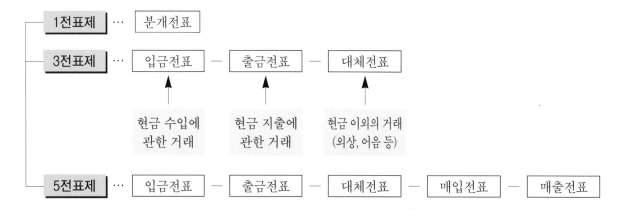

```
┌─ 1전표제 … 분개전표
│
├─ 3전표제 … 입금전표 ─ 출금전표 ─ 대체전표
│                ↑          ↑          ↑
│           현금 수입에  현금 지출에  현금 이외의 거래
│           관한 거래    관한 거래    (외상, 어음 등)
│
└─ 5전표제 … 입금전표 ─ 출금전표 ─ 대체전표 ─ 매입전표 ─ 매출전표
```

03 전표의 작성 예제

(1) 건물에 대한 임대료 350,000원을 현금으로 받다. ⇒ (차) 현 금 350,000 (대) 임대료 350,000

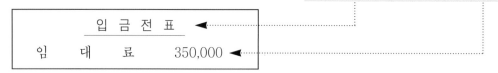

입 금 전 표	
임 대 료	350,000

(2) 당월분 전화요금 80,000원을 현금으로 지급하다. ⇒ (차) 통신비 80,000 (대) 현 금 80,000

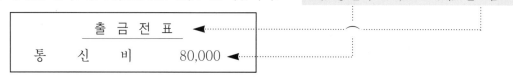

출 금 전 표	
통 신 비	80,000

(3) 상품 200,000원을 매입하고, 대금은 외상으로 하다.

대 체 전 표			
상 품	200,000	외 상 매 입 금	200,000

01 경기상사의 5월 1일 거래를 약식 전표(입금, 출금, 대체 전표)에 작성하시오.

(1) 하나은행으로부터 6개월 상환조건으로 현금 500,000원을 차입하다.

(2) 매출처 인천상사의 외상매출금 중 800,000원을 현금으로 회수하다.

(3) 사무실 임대료 100,000원을 현금으로 받다.

(4) 건물에 대한 화재보험료 120,000원을 현금으로 지급하다.

(5) 매입처 한국상사의 외상매입금 중 200,000원을 현금으로 지급하다.

(6) 당월분 전기요금 50,000원을 현금으로 지급하다.

(7) 영업용 비품 200,000원을 구입하고 대금은 월말에 지급하기로 하다.

(8) 거래처로부터 상품 300,000원을 외상으로 매입하다.

(9) 외상매입금 150,000원을 수표를 발행하여 지급하다.

(10) 단기대여금에 대한 이자 60,000원을 현금으로 받은 즉시 당좌예금하다.

(11) 상품 300,000원을 매입하고 대금 중 100,000원은 현금으로 지급하고 잔액은 외상으로하다.

입 금 전 표

입 금 전 표

입 금 전 표

출 금 전 표

출 금 전 표

출 금 전 표

대 체 전 표	

대 체 전 표	

대 체 전 표	

대 체 전 표	

대 체 전 표	

출 금 전 표

02 한국상사의 8월 1일 거래를 약식 전표(입금, 출금, 대체 전표)에 작성하시오.

(1) 사무용 복사기 500,000원을 구입하고 대금은 1개월후에 지급하기로 하다.

(2) 당월분 전화요금 30,000원을 현금으로 지급하다.

(3) 이자 40,000원을 현금으로 받다.

(4) 외상매출금 250,000원을 현금으로 받다.

(5) 상품 200,000원을 외상으로 매입하다.

(6) 외상매입금 500,000원 중 300,000원은 현금으로 지급하고 잔액은 수표를 발행하여 지급하다.

(7) 상품 260,000원을 매출하고 대금 중 100,000원은 현금으로 받고 잔액은 외상으로하다.

(8) 외상매출금 100,000원을 현금으로 받은 즉시 거래은행에 당좌예금하다.

대 체 전 표		출 금 전 표

입 금 전 표		입 금 전 표

대 체 전 표		출 금 전 표

대 체 전 표		입 금 전 표

대 체 전 표		대 체 전 표

능력 단위 요소	자가 진단 내용	문 항 평 가				
		매우 미흡	미흡	보통	우수	매우 우수
전표 작성하기 (0203020101_14v2.2) (3수준)	1. 나는 회계상 거래를 현금 거래 유무에 따라 사용되는 입금 전표, 출금 전표, 대체 전표로 구분할 수 있다.	①	②	③	④	⑤
	2. 나는 현금의 수입 거래를 파악하여 입금 전표를 작성할 수 있다.	①	②	③	④	⑤
	3. 나는 현금의 지출 거래를 파악하여 출금 전표를 작성할 수 있다.	①	②	③	④	⑤
	4. 나는 현금의 수입과 지출이 없는 거래를 파악하여 대체 전표를 작성할 수 있다.	①	②	③	④	⑤

1. 다음 밑줄 친 부분과 관련 있는 계정과목을 고르면?

> 회계는 일정시점에서 기업의 <u>재무상태</u>를 파악하고 일정기간 동안 기업의 경영성과를 밝히는데 목적이 있다.

① 현금및현금성자산　　② 감가상각비
③ 기부금　　　　　　　④ 이자수익

2. 다음은 무엇에 대한 설명인가?

> 기업의 순자산으로서 기업실체의 자산에 대한 소유주의 잔여청구권이다.

① 자산　　　　　　　　② 부채
③ 자본　　　　　　　　④ 수익

3. 다음 자료만을 근거하여 202×년 12월 31일의 단기차입금을 계산하면 얼마인가?

상　　품	220,000원	보 통 예 금	50,000원
자 본 금	100,000원	외상매출금	80,000원
외상매입금	10,000원	장기차입금	60,000원

① 180,000원　　　　　② 150,000원
③ 100,000원　　　　　④ 　80,000원

4. 202×년 12월 31일 장부를 조사하여 다음과 같은 자료를 얻었다. 202×년 기초자본은 얼마인가?

자산총액	1,500,000원	수익총액	400,000원
부채총액	600,000원	비용총액	350,000원

① 800,000원　　　　　② 750,000원
③ 850,000원　　　　　④ 900,000원

5. 다음 거래요소의 결합관계를 나타내는 거래로 맞는 것은?

차 변	대 변
부 채 의 감 소	자 산 의 감 소

① 차입금 1억원을 현금으로 상환하였다.
② 외상으로 사무실용 에어컨을 구입하였다.
③ 예금이자가 통장으로 이체되었다.
④ 근로자의 점심식대 5,000원을 현금으로 지급하였다.

6. 다음 중 일반적인 상거래에서 발생한 것으로 아직 회수되지 않은 경우의 회계처리 시 계정과목으로 올바른 것은?

① 외상매입금　　　　　② 선수수익
③ 미수금　　　　　　　④ 외상매출금

7. 다음 중 일정 시점 현재 기업이 보유하고 있는 경제적 자원인 자산과 경제적 의무인 부채, 그리고 자본에 대한 정보를 제공하는 재무보고서는 무엇인가?

① 손익계산서　　　　　② 자본변동표
③ 재무상태표　　　　　④ 현금흐름표

8. 다음 자료의 (　　) 안에 들어갈 계정과목으로 가장 적절한 것은?

> (　　　　)은 기업의 주된 영업활동인 상품 등을 판매하고 이에 대한 대금으로 상대방으로부터 수취한 어음이다.

① 지급어음　　　　　　② 받을어음
③ 외상매출금　　　　　④ 선수금

9. 다음 거래의 8요소 중 잘못된 것은?

① 자산의 증가는 차변항목
② 부채의 증가는 대변항목
③ 자본의 감소는 차변항목
④ 비용의 발생은 대변항목

10. 다음의 거래 중 비용이 발생하지 않는 것은?

① 업무용 자동차에 대한 당기분 자동차세 100,000원을 현금으로 납부하다.
② 적십자회비 100,000원을 현금으로 납부하다.
③ 상공회의소 회비 100,000원을 현금으로 납부하다.
④ 전월에 급여 지급 시 원천징수한 근로소득세를 현금으로 납부하다.

11. 다음 중 이월시산표에 기입할 수 있는 계정과목은?

① 이자수익　　　　　　② 임차료
③ 건물　　　　　　　　④ 세금과공과

12. 다음 중 일상적인 거래와 회계상의 거래가 동시에 발생하는 것은?

① 매출채권의 대손상각비
② 유형자산의 감가상각비
③ 종업원 채용 약속
④ 상품의 매출과 매출채권의 발생

13. 다음 중 손익계산서에 표시될 수 없는 것은?

① 접대비　　　　　　　② 임대료
③ 현금및현금성자산　　④ 보험료

14. 다음 계정기입에 대한 설명으로 가장 옳은 것은? (단, 반드시 아래에 표시된 계정만으로 판단할 것.)

받 을 어 음
	8/3 현　금 500,000원

① 상품 500,000원을 현금으로 매입하다.
② 받을어음 500,000원을 현금으로 회수하다.
③ 지급어음 500,000원을 현금으로 지급하다.
④ 상품 500,000원을 매출하고 거래처발행 약속어음으로 받다.

15. 다음 중 회계상 자산의 감소를 발생시키는 거래가 아닌 것은?

① 직원 회식대를 현금으로 지급하였다.
② 회사 비품을 구입하고 신용카드로 결제하였다.
③ 거래처 외상대를 당좌수표를 발행하여 지급하였다.
④ 금고에 보관하던 현금을 도난당했다.

16. 다음 중 빈 칸에 들어갈 (가)와 (나)의 내용으로 옳은 것은?

> 특정 계정의 금액을 다른 계정으로 옮기는 것을 (가)(이)라고 하고, 분개장에 기장된 분개기입을 해당계정 원장에 옮겨 적는 것을 (나)(이)라고 한다.

① (가) : 전기, (나) : 대체　② (가) : 대체, (나) : 전기
③ (가) : 이월, (나) : 전기　④ (가) : 기장, (나) : 전기

17. 다음은 기말 자산과 기말 부채의 일부분이다. 기말 재무상태표에 표시될 계정과목과 금액이 틀린 것은?

> • 외상매출금 400,000원　• 자기앞수표 300,000원
> • 지급어음　150,000원　• 외상매입금 200,000원
> • 받을어음　100,000원　• 당좌예금　50,000원

① 현금및현금성자산　300,000원
② 매출채권　500,000원
③ 매입채무　350,000원
④ 당좌자산　850,000원

18. 결산의 절차 중 결산준비를 위한 예비절차에 해당하는 것은?

① 재무상태표의 작성　　② 시산표의 작성
③ 총계정원장의 마감　　④ 손익계산서의 작성

19. 다음 중 경영성과에 영향을 미치는 거래는?

① 외상매입금을 현금으로 지급하다.
② 외상매입금을 약속어음을 발행하여 지급하다.
③ 기업주 개인의 차입금을 기업이 대신 지급하다.
④ 차입금에 대한 이자를 현금으로 지급하다.

20. 다음 중 결산 마감 시 가장 먼저 마감되는 계정은?

① 자산　　　　　　　　② 부채
③ 자본　　　　　　　　④ 수익과 비용

21. 다음 자료에서 거래의 8요소 중 차변요소와 대변요소의 구분으로 올바른 것은?

> 가. 부채의 증가   나. 자본의 감소
> 다. 수익의 발생

① 가. 대변, 나. 대변, 다. 대변
② 가. 대변, 나. 대변, 다. 차변
③ 가. 차변, 나. 차변, 다. 대변
④ 가. 대변, 나. 차변, 다. 대변

22. 다음 중 회계상의 거래에 해당하는 것은?

① 화재로 인해 상품의 일부가 파손되다.
② 신입사원 김사랑씨를 채용하다.
③ 신규 거래처로 (주)희망상사를 선정하다.
④ 사업 확장을 위해 새로운 건물을 임차하기로 결정하다.

23. 다음 등식 중 잘못된 것은?

① 기초부채+기초자본 = 기초자산
② 기말자산−기초자본 = 순손익
③ 총비용+순손익 = 총수익
④ 자산+비용 = 부채+자본+수익

24. 다음의 잔액시산표에서 (가), (나)에 각각 들어갈 금액으로 옳은 것은?

안산㈜   잔액시산표 20x1.12.31.   단위 : 원

차변	계 정 과 목	대변
100,000	현 금	
700,000	건 물	
	외상매입금	90,000
	자 본 금	(나)
	이 자 수 익	40,000
50,000	급 여	
(가)		(가)

	(가)	(나)
①	140,000원	740,000원
②	850,000원	740,000원
③	140,000원	720,000원
④	850,000원	720,000원

25. 회사의 매출과 관련한 다음의 분개에서 ( )안에 들어올 수 없는 항목은?

> (차) ( ) 10,000원 (대) 상품매출 10,000원

① 현금
② 미지급금
③ 당좌예금
④ 외상매출금

26. 다음 중 회사의 당기순이익을 증가시키는 거래는?

① 회사 화장실의 거울이 파손되어 교체하였다.
② 직원의 경조사가 발생하여 경조사비를 지급하였다.
③ 명절이 되어 선물세트를 구입하여 거래처에 나누어 주었다.
④ 회사의 보통예금에 결산이자가 발생하여 입금되었다.

27. 다음 거래를 보고 거래요소의 결합관계로 옳은 것은?

> 토지 100,000,000원을 구입하고 취득세 500,000원과 함께 당좌수표를 발행하여 지급하다.

① 자산의 증가 ↔ 자산의 감소
② 자산의 증가 ↔ 부채의 증가
③ 자산의 증가 · 비용의 발생 ↔ 자산의 감소
④ 자산의 증가 · 비용의 발생 ↔ 부채의 증가

28. 다음과 같은 특징을 가진 자산이 아닌 것은?

> • 보고기간 종료일로부터 1년 이상 장기간 사용 가능한 자산
> • 타인에 대한 임대 또는 자체적으로 사용할 목적의 자산
> • 물리적 형태가 있는 자산

① 상품 판매 및 전시를 위한 상가
② 상품 판매를 위한 재고자산
③ 상품 운반을 위한 차량운반구
④ 상품 판매를 위한 상가에 설치한 시스템에어컨

29. 다음 거래내용을 회계처리하는 경우 차변에 가장 적절한 계정과목은?

> 9월 11일 : 본사 영업부 김대리는 매출 거래처 A사 방문 시 거래처 A사에 선물할 음료수를 현금으로 구입하고 아래의 영수증을 수취하였다.

NO.	영 수 증 (공급받는자용)		
은혜상사			귀하
공급자	사 업 자 등록번호	114-81-80641	
	상 호	현대슈퍼	성명	김현대
	사 업 장 소 재 지	서울 송파구 문정동 101-2 TEL:3289-8085	
	업 태	도소매	종목	
작성일자	금액합계		비고
20x1.09.11	9,000원		
공급내역			
월/일	품명	수량	단가	금액
9/11	음료수	1	9,000원	9,000원

① 선물비　　　　　　② 접대비
③ 복리후생비　　　　④ 잡비

30. 다음 중 결산 절차 (가)에 해당하는 내용으로 옳은 것은?

결산 예비절차 ➡ 결산 본 절차 ➡ (가)

① 시산표 작성　　　② 분개장 마감
③ 총계정원장 마감　④ 재무상태표 작성

31. 다음 중 회계정보의 내부이용자에 속하는 이해관계자로 옳은 것은?

① 고객　　　　　　② 정부
③ 경영자　　　　　④ 채권자

32. 다음 중 재무상태표에 포함되어야 하는 사항이 아닌 것은?

① 기업명　　　　　② 금액단위
③ 보고통화　　　　④ 회계기간

33. 다음 재무제표의 종류 중 (A)에 해당하는 것으로 가장 옳은 것은?

> (A)는/은 일정 기간 동안 기업의 경영성과에 대한 정보를 제공하는 재무보고서이다. (A)는/은 해당 회계기간의 경영성과를 나타낼 뿐만 아니라 기업의 미래현금흐름과 수익창출능력 등의 예측에 유용한 정보를 제공한다.

① 주석　　　　　　② 손익계산서
③ 재무상태표　　　④ 자본변동표

34. 다음 자료는 202×년 12월 31일 현재 재무상태표의 각 계정의 잔액이다. 단기차입금은 얼마인가?

• 미 수 금 550,000원	• 외상매출금 250,000원
• 단기차입금 (?)	• 미지급비용 150,000원
• 선 급 금 130,000원	• 자 본 금 300,000원

① 540,000원　　　　② 500,000원
③ 480,000원　　　　④ 460,000원

35. 다음 자료에서 재무상태표에 단기투자자산 항목으로 표시되는 금액은?

• 현금 50,000원	• 보통예금 500,000원
• 당좌예금 200,000원	• 단기매증권 150,000원
• 받을어음 100,000원	• 단기대여금 180,000원

① 330,000원　　　　② 430,000원
③ 480,000원　　　　④ 1,180,000원

04 한국공인회계사회 대비

1. 다음 중 회계의 정의에 관한 설명으로 옳지 않은 것은?

① 회계의 목적은 정보이용자의 경제적 의사결정에 유용한 정보를 제공하는 것이다.
② 회계는 기업 경영에 대한 수탁책임을 경영자가 성실히 수행하였는가에 대한 정보를 제공한다.
③ 회계정보의 이용자에게 회계정보를 생산하는 경영자는 포함되지 아니한다.
④ 회계는 기업에서 이루어지는 수많은 경영활동을 화폐적 숫자로 표현하는 기업의 언어이다.

2. 다음 설명에 해당될 수 있는 계정과목으로 옳은 것은?

> 기업이 미래에 타인에게 일정한 금액을 갚아야 할 채무(빚)을 말한다.

① 차입금   ② 선급금
③ 미수금   ④ 단기대여금

3. 재무상태표에 대한 다음 설명 중 (가), (나)에 해당하는 내용으로 옳은 것은?

> 재무상태표는 일정 시점 현재 기업이 보유하고 있는 경제적 자원인 (가)과 경제적 의무인 부채, 그리고 (나)에 대한 정보를 제공하는 재무보고서이다.

	(가)	(나)		(가)	(나)
①	수익	자본	②	자산	수익
③	자산	자본	④	자본	수익

4. 다음 대화에서 선생님의 질문에 올바른 답변을 한 사람을 고르면?

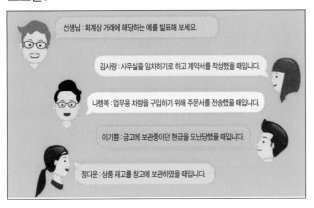

① 김사랑   ② 나행복
③ 이기쁨   ④ 정다운

5. 다음 중 결합관계가 성립될 수 없는 회계처리는?

	차변	대변
①	자산의 증가	자산의 감소
②	비용의 발생	부채의 증가
③	부채의 감소	수익의 발생
④	자산의 증가	부채의 감소

6. 다음 거래의 결합관계를 나타낸 것으로 옳은 것은?

> 한공상사는 거래처에 빌려 준 대여금 5,000,000원을 보통예금 계좌로 송금받았다.

① (차) 자산의 증가   (대) 수익의 감소
② (차) 자산의 증가   (대) 자산의 감소
③ (차) 수익의 감소   (대) 자산의 감소
④ (차) 자산의 증가   (대) 수익의 발생

7. 다음에서 제시하는 결합관계에 해당하는 것은?

> (차) 자산의 증가   (대) 자산의 감소

① 상품을 외상으로 매입하다.
② 은행차입금을 현금으로 상환하다.
③ 기업주 출자금을 보통예금에 예치하다.
④ 매출채권을 현금으로 회수하다.

8. 다음은 신문기사의 일부이다. (㉮)에 들어갈 내용으로 가장 적절한 것은?

> 외부감사인이 회계감사 대상 회사의 재무제표 작성 지원을 금지하며 회사가 자체 결산 능력을 갖추고 (㉮)의 책임하에 재무제표를 작성하도록 했다.
>
> (○○신문, 20X1년 9월 30일)

① 경영자   ② 공인회계사
③ 내부감사인   ④ 과세당국

9. 다음 (가), (나)의 각 거래에서 대변에 나타나는 거래 요소로 옳은 것은?

> (가) 외상매입금 300,000원을 현금으로 지급하다.
> (나) 거래처 직원과 식사를 하고 50,000원을 당사 법인카드로 결제하다.

	(가)	(나)
①	자산의 감소	부채의 증가
②	자산의 감소	수익의 발생
③	부채의 증가	자산의 감소
④	부채의 증가	부채의 증가

10. (주)한공의 다음 거래를 분개할 때 차변의 계정과목으로 옳은 것은?

> 2월분 사무실의 전화료 50,000원과 인터넷 사용료 30,000원이 보통예금에서 자동이체되다.

① 지급수수료   ② 소모품비
③ 통신비   ④ 수도광열비

11. 다음 중 거래 내역에 해당하는 계정과목으로 옳지 않은 것은?

	(가)	(나)
①	거래처에 증정할 선물 구입비	기부금
②	종업원의 야근 식대	복리후생비
③	본사의 신문 구독 비용	도서인쇄비
④	본사 건물에 대한 재산세	세금과공과

12. 다음 중 회계 순환 과정에 대한 설명으로 옳지 않은 것은?

① 분개는 회계상 거래를 식별하여 차변과 대변에 계정과목과 금액을 기록하는 절차이다.
② 전기는 분개한 내용을 총계정원장에 옮겨 적는 절차이다.
③ 시산표 작성은 누락된 분개를 검증하는 결산의 본절차이다.
④ 결산은 기중에 기록된 내용을 토대로 기업의 재무상태와 경영성과를 확정하는 절차이다.

13. 선생님의 질문에 올바른 답변을 한 사람은 누구인가?

① 강모연   ② 하자애
③ 유시진   ④ 서대영

14. 다음 중 재무회계의 목적에 대해 잘못 설명하고 있는 사람은?

① 상훈   ② 예나
③ 규민   ④ 소원

15. 다음 신문 기사에 나타난 내용을 회계처리 할 때 나타나는 계정과목으로 옳은 것은?

> 한공기업은 연말연시를 맞아 교육부에서 추천한 소년·소녀 가장에게 장학금을 지급하는 행사를 가졌다.
>
> — 서울신문, 202×년 12월 23일 자 —

① 대손상각비   ② 급여
③ 접대비   ④ 기부금

16. 다음 중 회계상 거래에 해당하는 것은?

① 면접을 통해 우수한 신입사원을 채용하였다.
② 코로나-19의 유행으로 상품인 마스크 가격이 상승하였다.
③ 기존 차입금에 대하여 건물을 담보로 제공하였다.
④ 토지를 구입하는 계약을 체결하고 계약금을 현금으로 지급하였다.

17. 다음 중 재무상태표상 비유동자산에 해당하는 계정과목을 모두 고른 것은?

가. 외상매출금	나. 선급금
다. 건물	라. 장기대여금

① 가, 나   ② 나, 다
③ 다, 라   ④ 나, 라

18. 다음은 (주)한공의 사업용 토지 처분에 관한 대화이다. 이에 대한 회계처리 시 대변 계정과목은?

이부장: 토지 처분 건은 어떻게 되었나요?
박대리: 네, 30,000,000원에 매매계약을 체결하고, 계약금 3,000,000원을 현금으로 받았습니다.

① 선수금   ② 가수금
③ 토지   ④ 건설중인자산

19. 다음 거래와 관련된 가장 적합한 계정과목은?

회사 업무용 승용차의 주유비 50,000원, 엔진오일 교체비 50,000원, 정기주차료 20,000원을 현금으로 지급하였다.

① 잡손실   ② 차량유지비
③ 수수료비용   ④ 복리후생비

20. 다음은 가구소매업을 영위하는 한공가구의 통장거래 내역이다. 이에 대한 거래요소의 결합관계로 옳은 것은?

번호	거래일	내용	찾으신 금액	맡기신 금액	잔액	거래점
		계좌번호 : 112-088-123123 한공가구				
1	202X-3-31	예금이자		253,800	***	서대문

① 비용의 발생, 자산의 감소
② 비용의 발생, 부채의 증가
③ 자산의 증가, 수익의 발생
④ 자산의 증가, 부채의 증가

21. 다음 거래의 회계처리 시 차변에 표시될 계정과목과 금액으로 옳은 것은?

거래처로부터 상품 1,000,000원을 매입하고, 매입 관련 운임 50,000원과 함께 현금으로 지급하다.

① 상품 1,000,000원   ② 상품 1,050,000원
③ 현금 1,000,000원   ④ 현금 1,050,000원

22. 한공상사 직원들에 관한 다음 회계처리 중 옳지 않은 것은? 【FAT 제48회 수정】

① 결혼하는 직원에게 지급한 축의금은 복리후생비로 회계처리한다.
② 직원들의 업무역량 강화를 위한 학원 수강료 지원금액은 교육훈련비로 회계처리한다.
③ 직원들의 사기진작을 위한 야유회에 지출한 다과비는 복리후생비로 회계처리한다.
④ 직원들의 영업용 휴대폰요금 납부액은 수수료비용으로 회계처리한다.

23. 다음은 가구도매업을 영위하는 한공상사의 거래이다. 차변 계정과목으로 옳은 것은?

책상과 의자 10세트를 1,000,000원에 매출하고, 대금은 월말에 받기로 하다.

① 미수금   ② 선수금
③ 상품매출   ④ 외상매출금

24. 도소매업을 영위하는 한공상사가 토지를 매각하고 대금을 다음 달에 받기로 한 거래의 분개 시 차변의 계정과목으로 옳은 것은?

① 받을어음　　　　　② 미수금
③ 외상매출금　　　　④ 가수금

25. 다음은 한공상사 회계부서 직원들의 대화 내용이다. (가)에 들어갈 계정과목으로 옳은 것은?

류과장: 오대리, 어제 야근시 간 식비 지출이 있었나요?

오대리: 네, 간식비를 지출하고, (가)(으)로 회계처리했습니다.

① 급여　　　　　　　② 기부금
③ 접대비　　　　　　④ 복리후생비

26. 다음은 한공상사의 사무실 전화요금에 대한 청구서이다. 이에 대한 회계처리 시 차변 계정과목으로 옳은 것은?

202X년 5월 청구서

작성일자 : 202X. 6.15.
납부기한 : 202X. 6.20.

금액	**212,000원**
고객명	한공상사
이용번호	02-3149-2145
명세서번호	**25328**
이용기간	5월 1일 ~ 5월 31일
5월 이용요금	212,000원
공급자 등록번호	110-81-92484
공급받는자 등록번호	110-81-45128
공급가액	212,000원
10원미만 할인요금	원
입금전용계좌	국민은행
	699101-12-555444

㈜케이티 서대문지점(전화국장)

① 통신비　　　　　　② 전력비
③ 세금과공과금　　　④ 수도광열비

27. 다음 중 재무상태표에 대한 설명으로 옳지 않은 것은?

① 결산일 현재 조달된 자금의 원천에 대한 정보를 제공한다.
② 결산일 현재 조달된 자금의 사용내역에 대한 정보를 제공한다.
③ 결산일 현재 자산, 부채, 자본 및 매출액에 대한 정보를 제공한다.
④ 재무상태표 계정과목의 전기 말 잔액과 당기 초 잔액은 동일하다.

28. 다음은 영업부 김대리의 결혼을 축하하기 위해 화환을 구입하고 받은 신용카드매출전표이다. 이에 대한 회계처리 시 적절한 계정과목은?

신용카드매출전표

카 드 종 류	우리카드
회 원 번 호	3424-3152-****-4**5
거 래 일 시	202X.11.05. 11:05:16
거 래 유 형	신용승인
매 　 　 출	100,000원
합 　 　 계	100,000원
결 제 방 법	일시불
승 인 번 호	13985995
은 행 확 인	농협은행
가 맹 점 명	수농꽃화원

－ 이 하 생 략 －

① 접대비　　　　　　② 보통예금
③ 기부금　　　　　　④ 복리후생비

29. 다음 거래에서 발생할 수 있는 계정과목은?

기계장치를 1,000,000원에 구입하고 400,000원은 현금으로 지급하고 나머지는 3개월 후에 결제하기로 하였다.

① 선수금　　　　　　② 미지급금
③ 외상매입금　　　　④ 단기차입금

30. 다음 거래를 회계처리할 경우 차변에 표시되는 계정과목은 무엇인가?

한공상사는 서울본사 건물에 대한 당기분 재산세 1,000,000원을 현금으로 납부하였다.

① 복리후생비　　　　② 수수료비용
③ 세금과공과　　　　④ 선납세금

해답편 …

해답을 참고하여도 이해할 수 없는 문제는 파스칼미디어 홈페이지 (www.pascal21.co.kr)의 e-상담실 (수험상담실) 코너를 활용하시기 바랍니다.

1장·회계의 기본 개념

01 회계의 기본 원리

기출확인문제	(1) ① (2) ①

【해설】 (1) 미래 현금흐름 예측에 유용한 (화폐적)정보의 제공이 회계의 목적이고, 비화폐적 정보는 회계의 목적이 아니다.
    (2) 기업의 외부 이해관계자는 주주와 채권자, 정부, 노동조합, 잠재적 투자자, 일반대중 등으로 다양하다.

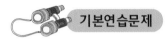
기본연습문제

1. (1) 회계정보   (2) 재무회계, 관리회계
   (3) 단식부기, 복식부기, 영리부기, 비영리부기
   (4) 회계단위, 회계연도

2. (1) m   (2) g   (3) h   (4) b   (5) d   (6) f
   (7) e   (8) a   (9) j   (10) l   (11) n   (12) c

02 기업의 재무상태

기출확인문제	(1) ④ (2) ② (3) ② (4) ④ (5) ① (6) ③ (7) ④

【해설】 (1) 부채는 미래에 자원의 유출 또는 사용이 예상되는 의무이다.
    (4) 자산과 부채는 유동성이 높은 항목부터 배열하는 것을 원칙으로 한다.
    (6) •5,700,000원 = 기말자산 11,000,000원 − 기말자본 5,300,000원
      •기초자본 : 기초자산 8,500,000원 − 기초부채 4,000,000원 = 4,500,000원
      •기말자본 : 기초자본 4,500,000원 + 당기순이익 800,000원 = 5,300,000원
    (7) •기초자산 − 기초부채 = 기초자본(50,000원)
      •기말자산 − 기말부채 = 기말자본(60,000원)
      •기말자본 − 기초자본 = 당기순이익(10,000원)
      •기말자산 − 기초자산 >기말부채 − 기초부채

기본연습문제

1. (1) 재화, 채권   (2) 부채   (3) 자산, 부채
   (4) 차변, 대변   (5) 재무상태표   (6) 자산, 부채, 자본
   (7) 자산, 부채, 자본   (8) 기초자산, 기초부채, 기말자산, 기말부채
   (9) ① 기말자본, 기초자본 ② 기초자본, 기말자본
   (10) 순이익, 순손실

2. (1) A   (2) A   (3) L   (4) A   (5) L
   (6) A   (7) A   (8) L   (9) A   (10) A
   (11) A   (12) L   (13) A   (14) C   (15) A
   (16) L   (17) A   (18) A   (19) A   (20) A
   (21) L   (22) A   (23) A   (24) A

3.

No.	자 산	부 채	자 본
(1)	5,000,000원	2,000,000원	(3,000,000원)
(2)	(8,000,000원)	3,000,000원	5,000,000원
(3)	2,000,000원	(500,000원)	1,500,000원

4.

자산 3,000,000원   부채 1,000,000원   자본 2,000,000원

5.

자 본 등 식	1,500,000 − 500,000 = 1,000,000
재 무 상 태 표 등 식	1,500,000 = 500,000 + 1,000,000

6.

재 무 상 태 표			
한강상사	202×년 1월 1일 현재		단위 : 원
자 산	금 액	부채·자본	금 액
현금및현금성자산	700,000	단 기 차 입 금	200,000
단 기 투 자 자 산	500,000	매 입 채 무	1,000,000
매 출 채 권	500,000	자 본 금	2,000,000
상 품	500,000		
건 물	1,000,000		
	3,200,000		3,200,000

7.

재 무 상 태 표			
남문상사	202×년 1월 1일 현재		단위 : 원
자 산	금 액	부채·자본	금 액
현금및현금성자산	800,000	단 기 차 입 금	100,000
단 기 투 자 자 산	800,000	매 입 채 무	400,000
매 출 채 권	300,000	자 본 금	3,000,000
상 품	300,000		
건 물	1,300,000		
	3,500,000		3,500,000

8.

재 무 상 태 표			
김포상사	202×년 1월 1일 현재		단위 : 원
자 산	금 액	부채·자본	금 액
현금및현금성자산	900,000	단 기 차 입 금	300,000
단 기 투 자 자 산	800,000	매 입 채 무	1,200,000
매 출 채 권	600,000	자 본 금	3,000,000
상 품	500,000		
토 지	1,700,000		
	4,500,000		4,500,000

9.

재 무 상 태 표			
길동상사	202×년 1월 1일 현재		단위 : 원
자 산	금 액	부채·자본	금 액
현금및현금성자산	700,000	단 기 차 입 금	200,000
단 기 투 자 자 산	1,150,000	매 입 채 무	1,200,000
매 출 채 권	800,000	자 본 금	2,000,000
상 품	(550,000)		
건 물	200,000		
	3,400,000		3,400,000

10.

재 무 상 태 표

마포상사   202×년 1월 1일   단위 : 원

자 산	금 액	부채 · 자본	금 액
현금및현금성자산	500,000	단 기 차 입 금	200,000
단 기 투 자 자 산	300,000	매 입 채 무	200,000
매 출 채 권	400,000	장 기 차 입 금	100,000
상 품	250,000	자 본 금	1,000,000
건 물	50,000		
	1,500,000		1,500,000

재 무 상 태 표

마포상사   202×년 12월 31일   단위 : 원

자 산	금 액	부채 · 자본	금 액
현금및현금성자산	800,000	단 기 차 입 금	100,000
단 기 투 자 자 산	100,000	매 입 채 무	250,000
매 출 채 권	300,000	장 기 차 입 금	50,000
상 품	400,000	자 본 금	1,000,000
건 물	100,000	당 기 순 이 익	300,000
	1,700,000		1,700,000

11.

재 무 상 태 표

명륜상사   202×년 12월 31일   단위 : 원

자 산	금 액	부채 · 자본	금 액
현금및현금성자산	2,300,000	단 기 차 입 금	600,000
단 기 투 자 자 산	1,000,000	매 입 채 무	900,000
매 출 채 권	2,000,000	장 기 차 입 금	1,000,000
건 물	3,000,000	자 본 금	5,000,000
		당 기 순 이 익	800,000
	8,300,000		8,300,000

(1) 8,000,000원   (2) 5,000,000원   (3) 8,300,000원
(4) 5,800,000원   (5) 800,000원

03 수익 · 비용 · 손익계산서

기출확인문제   (1) ③   (2) ③

【해설】 (2) 상품의 판매촉진비용은 광고선전비이다. 접대비는 거래처 직원
등 접대관련 지출액이다.

기본연습문제

1. (1) 수익, 비용   (2) 당기순이익, 증가   (3) 당기순손실, 감소
(4) 손익계산서
(5) 당기순이익, 총수익, 총수익, 당기순손실   (6) 붉은색

2. (1) R   (2) E   (3) R   (4) E   (5) E
(6) R   (7) E   (8) R   (9) E   (10) R
(11) E   (12) E   (13) E   (14) E   (15) E
(16) R   (17) E   (18) E   (19) E   (20) R
(21) E

3.

번호 구분	(1)	(2)	(3)	(4)	(5)	(6)
총 수 익	350,000	250,000	(280,000)	800,000	(280,000)	500,000
총 비 용	300,000	350,000	200,000	(750,000)	300,000	(540,000)
당기순손익	(50,000)	(-100,000)	80,000	50,000	-20,000	-40,000

4.

손 익 계 산 서

강릉상사   202×년 1월 1일부터 12월 31일까지   단위 : 원

비 용	금 액	수 익	금 액
급 여	120,000	상 품 매 출 이 익	320,000
보 험 료	30,000	수 수 료 수 익	80,000
여 비 교 통 비	40,000	임 대 료	50,000
통 신 비	60,000		
수 도 광 열 비	50,000		
광 고 선 전 비	30,000		
당 기 순 이 익	120,000		
	450,000		450,000

5.

손 익 계 산 서

강남상사   202×년 1월 1일부터 12월 31일까지   단위 : 원

비 용	금 액	수 익	금 액
급 여	450,000	상 품 매 출 이 익	800,000
통 신 비	80,000	이 자 수 익	200,000
수 도 광 열 비	60,000		
이 자 비 용	130,000		
당 기 순 이 익	280,000		
	1,000,000		1,000,000

6.

손 익 계 산 서

김포상사   202×년 1월 1일부터 12월 31일까지   단위 : 원

비 용	금 액	수 익	금 액
급 여	350,000	상 품 매 출 이 익	500,000
여 비 교 통 비	50,000	이 자 수 익	80,000
보 험 료	80,000	잡 이 익	70,000
광 고 선 전 비	70,000	당 기 순 손 실	40,000
세 금 과 공 과	140,000		
	690,000		690,000

7.

손 익 계 산 서

서울상사   202×년 1월 1일부터 12월 31일까지   단위 : 원

비 용	금 액	수 익	금 액
급 여	260,000	상 품 매 출 이 익	(415,000)
보 험 료	40,000	이 자 수 익	80,000
세 금 과 공 과	35,000	임 대 료	70,000
여 비 교 통 비	80,000		
당 기 순 이 익	150,000		
	565,000		565,000

04 기업의 손익계산

1. (1) 당기순이익, 당기순손실
(2) ① 기말자본 − 기초자본　② 기초자본 − 기말자본
(3) ① 총수익 − 총비용　② 총비용 − 총수익
(4) 증가, 감소
(5) 차, 대
(6) 일치

2.

No.	기초자본	기말자본	당기순손익
(1)	820,000	1,020,000	(① 200,000)
(2)	2,000,000	(② 2,500,000)	500,000
(3)	(③ 1,000,000)	850,000	− 150,000

3.

No.	총수익	총비용	당기순손익
(1)	500,000	350,000	(① 150,000)
(2)	800,000	(② 600,000)	200,000
(3)	(③ 920,000)	1,000,000	− 80,000

4.

No.	기초자본	기말자본	총수익	총비용	당기순손익
(1)	80,000	100,000	55,000	35,000	(20,000)
(2)	120,000	150,000	(50,000)	20,000	(30,000)
(3)	70,000	(85,000)	80,000	65,000	(15,000)
(4)	(600,000)	650,000	350,000	(300,000)	50,000
(5)	(270,000)	250,000	(60,000)	80,000	− 20,000

5.

재 무 상 태 표 (기초)

설악상사　202×년 1월 1일　단위:원

자 산	금　액	부채·자본	금　액
현금및현금성자산	400,000	단 기 차 입 금	300,000
단 기 투 자 자 산	450,000	매 입 채 무	600,000
매 출 채 권	250,000	장 기 차 입 금	200,000
상　품	500,000	자 본 금	1,500,000
건　물	1,000,000		
	2,600,000		2,600,000

재 무 상 태 표 (기말)

설악상사　202×년 12월 31일　단위:원

자 산	금　액	부채·자본	금　액
현금및현금성자산	600,000	단 기 차 입 금	250,000
단 기 투 자 자 산	400,000	매 입 채 무	850,000
매 출 채 권	300,000	장 기 차 입 금	700,000
상　품	600,000	자 본 금	1,500,000
건　물	1,500,000	당 기 순 이 익	100,000
	3,400,000		3,400,000

손 익 계 산 서

설악상사　202×년 1월 1일부터 12월 31일까지　단위:원

비　용	금　액	수　익	금　액
급　여	280,000	상품매출이익	450,000
보　험　료	120,000	이 자 수 익	80,000
소 모 품 비	30,000	잡　이　익	70,000
통　신　비	50,000		
여 비 교 통 비	20,000		
당 기 순 이 익	100,000		
	600,000		600,000

【물음】

(1) 2,600,000 (2) 1,100,000 (3) 1,500,000
(4) 3,400,000 (5) 1,800,000 (6) 1,600,000
(7) 600,000 (8) 100,000

6.

재 무 상 태 표

강원상사　202×년 12월 31일　단위:원

자 산	금　액	부채·자본	금　액
현금및현금성자산	500,000	매 입 채 무	1,050,000
단 기 투 자 자 산	400,000	단 기 차 입 금	600,000
매 출 채 권	350,000	자 본 금	500,000
상　품	450,000	당 기 순 이 익	50,000
건　물	500,000		
	2,200,000		2,200,000

손 익 계 산 서

강원상사　202×년 1월 1일부터 12월 31일까지　단위:원

비　용	금　액	수　익	금　액
급　여	160,000	상품매출이익	350,000
여 비 교 통 비	20,000	이 자 수 익	40,000
통　신　비	50,000	임 대 료	20,000
광 고 선 전 비	100,000		
잡　비	30,000		
당 기 순 이 익	50,000		
	410,000		410,000

기출확인문제　(1) ②　(2) ③

【해설】 1. • 기초자산(600,000원) − 기초부채(200,000원) = 기초자본 (400,000원)
　• 총수익(900,000원) − 총비용(700,000원) = 당기순이익 (200,000원)
　• 기초자본(400,000원) + 당기순이익(200,000원) = 기말자본 (600,000원)
　• 기말자산(800,000원) − 기말자본(600,000원) = 기말부채 (200,000원)
2. 기말자산 − 기말부채 = 기말자본(300,000원)
기말자본 − 당기순이익 = 기초자본(220,000원)
총비용 + 당기순이익 = 총수익(280,000원)

국가직무능력표준(NCS, national competency standards)

직업기초능력평가문제

　(1) ②　(2) ④　(3) ②　(4) ③

【 해설 】

1. • 인호 : 상법상 회계기간은 1년을 초과할 수 없다.
   • 영희 : 내부관계자를 위한 회계영역은 관리회계라 하고, 외부관계자를 위한 영역을 재무회계라 한다.

2. 손익계산서는 일정 기간의 경영성과를 나타내는 재무제표이다.

3. 문제는 자본유지접근법(재산법)으로 당기순이익을 측정하는 것이다.
   • 기말자본금(200,000 + 150,000 − 100,000) − 기초자본금 20만원 = 50,000(당기순이익)

4. • 수익총액 − 비용총액 = 60,000원(당기순이익)
   • 회계기말의 자산총액 − 부채총액 = 240,000(기말자본)
   • 기초자본은 기말자본 − 당기순이익 = 180,000이다.

2장 · 회계의 순환 과정

01 거 래

기출확인문제	(1) ① (2) ② (3) ③ (4) ① (5) ① (6) ④

1.

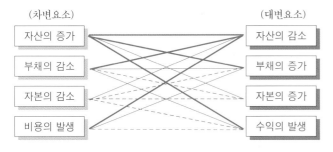

(차변요소)   (대변요소)

자산의 증가 — 자산의 감소
부채의 감소 — 부채의 증가
자본의 감소 — 자본의 증가
비용의 발생 — 수익의 발생

2.

(1) ○ (2) ○ (3) × (4) ○ (5) ×
(6) ○ (7) × (8) ○ (9) ○ (10) ×
(11) ○ (12) ○ (13) × (14) ○ (15) ×
(16) × (17) ○ (18) ○ (19) ○ (20) ×

3.

No.	차변요소	대변요소	거래의 종류
보기	자산의 증가	자산의 감소	교 환 거 래
(1)	자산의 증가	자산의 감소	교 환 거 래
(2)	자산의 증가	자산의 감소	교 환 거 래
(3)	자산의 증가	부채의 증가	교 환 거 래
(4)	자산의 증가	자산의 감소	교 환 거 래
(5)	자산의 증가	자산의 감소 부채의 증가	교 환 거 래

4.

No.	차변요소	대변요소	거래의 종류
(1)	자산의 증가	자산의 감소	교 환 거 래
(2)	자산의 증가	자산의 감소	교 환 거 래
(3)	자산의 증가	자산의 감소	교 환 거 래
(4)	자산의 증가	자산의 감소	교 환 거 래
(5)	자산의 증가	자산의 감소	교 환 거 래
(6)	자산의 증가	자산의 감소	교 환 거 래

5.

No.	차변요소	대변요소	거래의 종류
(1)	자산의 증가	자본의 증가	교 환 거 래
(2)	자산의 증가	자본의 증가	교 환 거 래
(3)	자산의 증가	자본의 증가	교 환 거 래
(4)	자산의 증가	부채의 증가	교 환 거 래
(5)	자산의 증가	부채의 증가 자본의 증가	교 환 거 래

6.

No.	차변요소	대변요소	거래의 종류
(1)	자산의 증가	자산의 감소	교 환 거 래
(2)	자산의 증가	자산의 감소	교 환 거 래
(3)	자산의 증가	자산의 감소	교 환 거 래

7.

No.	차변요소	대변요소	거래의 종류
(1)	자산의 증가	부채의 증가	교 환 거 래
(2)	부채의 감소	자산의 감소	교 환 거 래
(3)	부채의 감소	자산의 감소	교 환 거 래

8.

No.	차변요소	대변요소	거래의 종류
보기	비용의 발생	자산의 감소	손 익 거 래
(1)	비용의 발생	자산의 감소	손 익 거 래
(2)	비용의 발생	자산의 감소	손 익 거 래
(3)	비용의 발생	자산의 감소	손 익 거 래
(4)	비용의 발생	자산의 감소	손 익 거 래
(5)	비용의 발생	자산의 감소	손 익 거 래
(6)	비용의 발생	자산의 감소	손 익 거 래
(7)	비용의 발생	자산의 감소	손 익 거 래
(8)	비용의 발생	자산의 감소	손 익 거 래
(9)	자산의 증가	수익의 발생	손 익 거 래
(10)	자산의 증가	수익의 발생	손 익 거 래
(11)	자산의 증가	수익의 발생	손 익 거 래
(12)	자산의 증가	수익의 발생	손 익 거 래

9.

No.	차변요소	대변요소	거래의 종류
보기	자산의 증가	자산의 감소 수익의 발생	혼 합 거 래
(1)	자산의 증가	자산의 감소 수익의 발생	혼 합 거 래
(2)	자산의 증가	자산의 감소 수익의 발생	혼 합 거 래
(3)	자산의 증가	자산의 감소 수익의 발생	혼 합 거 래
(4)	자산의 증가	자산의 감소 수익의 발생	혼 합 거 래
(5)	부채의 감소 비용의 발생	자산의 감소	혼 합 거 래
(6)	자산의 증가 비용의 발생	자산의 감소	혼 합 거 래

10.

(1) 교   (2) 교   (3) 손   (4) 혼   (5) 교
(6) 손   (7) 혼   (8) 교   (9) 교

02 계 정

기출확인문제   (1) ②   (2) ①   (3) ③   (4) ②

기본연습문제

1.

(1) A   (2) L   (3) A   (4) E   (5) R
(6) E   (7) A   (8) L   (9) C   (10) R
(11) E   (12) E   (13) R   (14) A   (15) A
(16) L   (17) A   (18) R

2.

현 금		외상매입금		상 품	
(증 가)	(감 소)	(감 소)	(증 가)	(증 가)	(감 소)

자 본 금		상품매출이익		급 여	
(감 소)	(증 가)	(소 멸)	(발 생)	(발 생)	(소 멸)

단기차입금		외상매출금		비 품	
(감 소)	(증 가)	(증 가)	(감 소)	(증 가)	(감 소)

3.

(1) 차   (2) 대   (3) 대   (4) 차   (5) 대
(6) 차   (7) 대   (8) 대   (9) 차   (10) 차
(11) 차   (12) 대   (13) 차   (14) 대   (15) 차

4.

(1) 차   (2) 차   (3) 차   (4) 차   (5) 대
(6) 대   (7) 차   (8) 대   (9) 차   (10) 대
(11) 대   (12) 차   (13) 차   (14) 대   (15) 차
(16) 차   (17) 대   (18) 차

5.

(1) 현금   (2) 당좌예금   (3) 현금및현금성자산   (4) 단기금융상품
(5) 단기매매증권   (6) 외상매출금   (7) 받을어음   (8) 미수금
(9) 단기대여금   (10) 상품   (11) 비품   (12) 건물
(13) 외상매입금   (14) 지급어음   (15) 미지급금   (16) 단기차입금
(17) 자본금   (18) 상품매출이익   (19) 이자수익   (20) 임대료
(21) 수수료수익   (22) 잡이익   (23) 급여   (24) 이자비용
(25) 임차료   (26) 여비교통비   (27) 통신비   (28) 수도광열비
(29) 소모품비   (30) 세금과공과   (31) 보험료   (32) 광고선전비
(33) 잡비(도서인쇄비)   (34) 운반비

6.

A 항		B 항
(1) 외상매출금		(ㄱ) 미지급금
(2) 받을어음		(ㄴ) 지급어음
(3) 미수금		(ㄷ) 단기차입금
(4) 선급금		(ㄹ) 외상매입금
(5) 단기대여금		(ㅁ) 선수금
(6) 상품매출이익		(ㅂ) 이자비용
(7) 임대료		(ㅅ) 상품매출손실
(8) 이자수익		(ㅇ) 수수료비용
(9) 수수료수익		(ㅈ) 임차료

03 분개와 전기

기본연습문제

1.

No.	차 변 과 목	금 액	대 변 과 목	금 액
(1)	비 품	80,000	현 금	80,000
(2)	상 품	200,000	현 금	200,000
(3)	현 금	150,000	상 품	150,000
(4)	외 상 매 출 금	350,000	상 품	350,000
(5)	미 수 금	50,000	비 품	50,000
(6)	현 금	250,000	외 상 매 출 금	250,000
(7)	당 좌 예 금	420,000	현 금	420,000
(8)	단 기 대 여 금	300,000	현 금	300,000
(9)	단 기 예 금	2,000,000	현 금	2,000,000

2.

No.	차변과목	금 액	대변과목	금 액
(1)	상　　　품	150,000	외 상 매 입 금	150,000
(2)	현　　　금	200,000	단 기 차 입 금	200,000
(3)	비　　　품	120,000	미 지 급 금	120,000
(4)	상　　　품	500,000	지 급 어 음	500,000
(5)	비　　　품	800,000	미 지 급 금	800,000
(6)	현　　　금	600,000	단 기 차 입 금	600,000

3.

No.	차변과목	금 액	대변과목	금 액
(1)	현　　　금	500,000	자 본 금	500,000
(2)	현　　　금 상　　　품	800,000 200,000	자 본 금	1,000,000
(3)	현　　　금 상　　　품 건　　　물	600,000 400,000 1,000,000	자 본 금	2,000,000

4.

No.	차변과목	금 액	대변과목	금 액
(1)	현　　　금	150,000	임 대 료	150,000
(2)	현　　　금	20,000	이 자 수 익	20,000
(3)	현　　　금	50,000	수 수 료 수 익	50,000
(4)	현　　　금	20,000	잡 이 익	20,000
(5)	현　　　금	10,000	이 자 수 익	10,000

5.

No.	차변과목	금 액	대변과목	금 액
(1)	외 상 매 입 금	200,000	현　　　금	200,000
(2)	단 기 차 입 금	350,000	현　　　금	350,000
(3)	지 급 어 음	250,000	현　　　금	250,000
(4)	외 상 매 입 금	500,000	당 좌 예 금	500,000
(5)	미 지 급 금	80,000	현　　　금	80,000

6.

No.	차변과목	금 액	대변과목	금 액
(1)	자 본 금	200,000	현　　　금	200,000
(2)	자 본 금	50,000	상　　　품	50,000
(3)	자 본 금	800,000	현　　　금	800,000

7.

No.	차변과목	금 액	대변과목	금 액
(1)	급　　　여	300,000	현　　　금	300,000
(2)	소 모 품 비	27,000	현　　　금	27,000
(3)	통 신 비	250,000	현　　　금	250,000
(4)	광 고 선 전 비	500,000	현　　　금	500,000
(5)	이 자 비 용	20,000	현　　　금	20,000
(6)	수 도 광 열 비	70,000	현　　　금	70,000
(7)	도 서 인 쇄 비	15,000	현　　　금	15,000
(8)	잡 손 실	420,000	현　　　금	420,000
(9)	세 금 과 공 과	780,000	현　　　금	780,000
(10)	보 험 료	80,000	현　　　금	80,000

▶ (2)번 차변에 '사무용품비'도 가능함
▶ (7)번 차변에 '잡비'도 가능함

8.

No.	차변과목	금 액	대변과목	금 액
(1)	외 상 매 입 금	200,000	지 급 어 음	200,000

9.

No.	차변과목	금 액	대변과목	금 액
(1)	현　　　금	300,000	상　　　품 상 품 매 출 이 익	250,000 50,000
(2)	외 상 매 출 금	500,000	상　　　품 상 품 매 출 이 익	420,000 80,000
(3)	현　　　금	320,000	단 기 대 여 금 이 자 수 익	300,000 20,000
(4)	현　　　금	830,000	단 기 대 여 금 이 자 수 익	800,000 30,000

10.

No.	차변과목	금 액	대변과목	금 액
(1)	단 기 차 입 금 이 자 비 용	200,000 5,000	현　　　금	205,000
(2)	단 기 차 입 금 이 자 비 용	400,000 20,000	당 좌 예 금	420,000

11.

No.	차변과목	금 액	대변과목	금 액
(1)	상　　　품	800,000	현　　　금 외 상 매 입 금	500,000 300,000
(2)	상　　　품	600,000	당 좌 예 금 외 상 매 입 금	300,000 300,000
(3)	비　　　품	300,000	현　　　금 미 지 급 금	200,000 100,000

12.

No.	차변과목	금 액	대변과목	금 액
(1)	현　　　금	1,000,000	자 본 금	1,000,000
(2)	상　　　품	200,000	현　　　금	200,000
(3)	비　　　품	150,000	현　　　금	150,000
(4)	현　　　금	500,000	단 기 차 입 금	500,000
(5)	상　　　품	150,000	외 상 매 입 금	150,000
(6)	외 상 매 출 금	300,000	상　　　품 상 품 매 출 이 익	280,000 20,000
(7)	단 기 대 여 금	800,000	현　　　금	800,000
(8)	상　　　품	350,000	현　　　금 외 상 매 입 금	200,000 150,000
(9)	외 상 매 입 금	100,000	현　　　금	100,000
(10)	당 좌 예 금	250,000	현　　　금	250,000
(11)	급　　　여	400,000	현　　　금	400,000
(12)	현　　　금	120,000	외 상 매 출 금	120,000
(13)	단 기 차 입 금 이 자 비 용	300,000 5,000	현　　　금	305,000
(14)	건　　　물	2,000,000	현　　　금 미 지 급 금	1,500,000 500,000
(15)	현　　　금	2,000,000	단 기 차 입 금	2,000,000
(16)	현　　　금	20,000	이 자 수 익	20,000

13.

No.	차변과목	금액	대변과목	금액
(1)	현　　금 건　　물	500,000 1,000,000	자　본　금	1,500,000
(2)	잡　　비	8,000	현　　금	8,000
(3)	외 상 매 출 금	420,000	상　　품 상품매출이익	350,000 70,000
(4)	현　　금	20,000	수 수 료 수 익	20,000
(5)	외 상 매 입 금	150,000	현　　금	150,000
(6)	통　신　비	45,000	현　　금	45,000
(7)	현　　금	520,000	단 기 대 여 금 이 자 수 익	500,000 20,000
(8)	차 량 운 반 구	8,000,000	당 좌 예 금 미 지 급 금	5,000,000 3,000,000
(9)	상　　품	350,000	외 상 매 입 금	350,000
(10)	비　　품	80,000	미 지 급 금	80,000
(11)	이 자 비 용	5,000	현　　금	5,000
(12)	현　　금 외 상 매 출 금	200,000 320,000	상　　품 상품매출이익	400,000 120,000
(13)	임　차　료	240,000	현　　금	240,000
(14)	현　　금	150,000	외 상 매 출 금	150,000
(15)	분 개 없 음			

14.

No.	차변과목	금액	대변과목	금액
(1)	상　　품	250,000	현　　금 외 상 매 입 금	150,000 100,000
(2)	단 기 대 여 금	200,000	현　　금	200,000
(3)	현　　금	30,000	잡　이　익	30,000
(4)	외 상 매 출 금	300,000	상　　품 상품매출이익	250,000 50,000
(5)	분 개 없 음			
(6)	현　　금 외 상 매 출 금	400,000 400,000	상　　품 상품매출이익	750,000 50,000
(7)	현　　금	120,000	외 상 매 출 금	120,000
(8)	외 상 매 출 금 운　반　비	500,000 3,000	상　　품 상품매출이익 현　　금	420,000 80,000 3,000
(9)	상　　품	254,000	외 상 매 입 금 현　　금	250,000 4,000
(10)	외 상 매 입 금	200,000	현　　금	200,000
(11)	수 도 광 열 비	30,000	현　　금	30,000
(12)	세 금 과 공 과	50,000	현　　금	50,000
(13)	자　본　금	280,000	현　　금	280,000
(14)	복 리 후 생 비	320,000	현　　금	320,000
(15)	단 기 금 융 상 품	1,000,000	현　　금	1,000,000

문제 14번 해설(분개8번과 9번)

▶ 상품매입시 인수운임은 상품원가에 포함하여야 하고, 상품매출시 발송운임은
별도로 비용계정(운반비)으로 처리한다.

15.

No.	차변과목	금액	대변과목	금액
4/ 1	현　　금	600,000	자　본　금	600,000
3	상　　품	300,000	현　　금	300,000
7	비　　품	100,000	현　　금	100,000
10	외 상 매 출 금	250,000	상　　품 상품매출이익	200,000 50,000
15	현　　금	150,000	단 기 차 입 금	150,000
20	상　　품	200,000	외 상 매 입 금	200,000
23	현　　금	100,000	외 상 매 출 금	100,000
25	급　　여	60,000	현　　금	60,000
27	현　　금	400,000	상　　품 상품매출이익	300,000 100,000

현　　금

4/ 1	자 본 금	600,000	4/ 3	상　　품	300,000
15	단 기 차 입 금	150,000	7	비　　품	100,000
23	외 상 매 출 금	100,000	25	급　　여	60,000
27	제　　좌	400,000			

비　　품

4/ 7	현　　금	100,000

단 기 차 입 금

	4/15 현　　금	150,000

상 품 매 출 이 익

	4/10 외 상 매 출 금	50,000
	27 현　　금	100,000

외 상 매 출 금

4/10	제　　좌	250,000	4/23	현　　금	100,000

상　　품

4/ 3	현　　금	300,000	4/10	외 상 매 출 금	200,000
20	외 상 매 입 금	200,000	27	현　　금	300,000

외 상 매 입 금

	4/20 상　　품	200,000

자　본　금

	4/ 1 현　　금	600,000

급　　여

4/25 현　　금	60,000	

기출확인문제　(1) ③　(2) ②　(3) ③　(4) ②

【해설】

(1) 분개를 하면 (차) 현금 5,000,000 (대) 장기차입금 5,000,000이며,
　결합관계는 (자) 자산의 증가 (대) 부채의 증가이고, 거래의 종류는
　교환거래이다.

(3) (차변) 보통예금 1,000,000원 (대변) 외상매출금 1,000,000원

(4) 서영 : 거래처 직원에 대한 경조사비는 접대비로 처리한다.

04 장 부

기출확인문제	(1) ②	(2) ④

기본연습문제

분 개 장 (1)

날짜		적 요	원면	차 변	대 변
4	1	(현 금)	1	700,000	
		(자 본 금)	7		700,000
		현금출자 영업 개시			
	3	(비 품)	4	60,000	
		(현 금)	1		60,000
		영업용 책상, 의자 구입			
	6	(상 품)	3	300,000	
		(외상매입금)	5		300,000
		한국상사에서 상품 매입			
	8	(현 금)	1	500,000	
		(단기차입금)	6		500,000
		세무상사에서 현금 차입			
4	12	(현 금)	1	200,000	
		(외상매출금) 제 좌	2	150,000	
		제 좌 (상 품)	3		250,000
		(상품매출이익)	8		100,000
		공인상사에 상품 매출			
	15	(외상매입금)	5	200,000	
		(현 금)	1		200,000
		외상매입금 지급			
	16	(현 금)	1	12,000	
		(수수료수익)	9		12,000
		중개수수료 받다			
		다음 면에		2,122,000	2,122,000

분 개 장 (2)

날짜		적 요	원면	차 변	대 변
		앞면에서		2,122,000	2,122,000
4	20	제 좌 (현 금)	1		308,000
		(단기차입금)	6	300,000	
		(이자비용)	12	8,000	
		단기차입금과 이자 지급			
	23	(현 금)	1	100,000	
		(외상매출금)	2		100,000
		외상매출금 회수			
	25	(급 여)	10	70,000	
		(현 금)	1		70,000
		급여 지급			
	30	(임 차 료)	11	50,000	
		(현 금)	1		50,000
		임차료 지급			
				2,650,000	2,650,000

총 계 정 원 장

현 금 (1)

4/ 1 자 본 금	700,000	4/ 3 비 품	60,000
8 단기차입금	500,000	15 외상매입금	200,000
12 제 좌	200,000	20 제 좌	308,000
16 수수료수익	12,000	25 급 여	70,000
23 외상매출금	100,000	30 임 차 료	50,000

외 상 매 출 금 (2)

4/12 제 좌	150,000	4/23 현 금	100,000

상 품 (3)

4/ 6 외상매입금	300,000	4/12 제 좌	250,000

비 품 (4)

4/ 3 현 금	60,000		

외 상 매 입 금 (5)

4/15 현 금	200,000	4/ 6 상 품	300,000

단 기 차 입 금 (6)

4/20 현 금	300,000	4/ 8 현 금	500,000

자 본 금 (7)

		4/ 1 현 금	700,000

상 품 매 출 이 익 (8)

		4/12 제 좌	100,000

수 수 료 수 익 (9)

		4/16 현 금	12,000

급 여 (10)

4/25 현 금	70,000		

임 차 료 (11)

4/30 현 금	50,000		

이 자 비 용 (12)

4/20 현 금	8,000		

05 시 산 표

1.

합 계 시 산 표

차 변	원면	계 정 과 목	대 변
630,000	1	현금및현금성자산	390,000
45,000	2	단 기 금 융 상 품	
130,000	3	외 상 매 출 금	50,000
350,000	4	상 품	300,000
200,000	5	건 물	
80,000	6	외 상 매 입 금	100,000
20,000	7	단 기 차 입 금	50,000
	8	자 본 금	500,000
	9	상 품 매 출 이 익	80,000
	10	임 대 료	30,000
40,000	11	급 여	
5,000	12	이 자 비 용	
1,500,000			1,500,000

잔 액 시 산 표

차 변	원면	계 정 과 목	대 변
240,000	1	현금및현금성자산	
45,000	2	단 기 금 융 상 품	
80,000	3	외 상 매 출 금	
50,000	4	상 품	
200,000	5	건 물	
	6	외 상 매 입 금	20,000
	7	단 기 차 입 금	30,000
	8	자 본 금	500,000
	9	상 품 매 출 이 익	80,000
	10	임 대 료	30,000
40,000	11	급 여	
5,000	12	이 자 비 용	
660,000			660,000

3. 잔 액 시 산 표

차 변	원면	계 정 과 목	대 변
410,000	1	현 금	
130,000	2	외 상 매 출 금	
230,000	3	상 품	
100,000	4	비 품	
	5	외 상 매 입 금	150,000
	6	단 기 차 입 금	20,000
	7	자 본 금	(500,000)
	8	상 품 매 출 이 익	250,000
	9	이 자 수 익	40,000
70,000	10	급 여	
15,000	11	통 신 비	
5,000	12	이 자 비 용	
960,000			960,000

합 계 잔 액 시 산 표

차 변 잔 액	차 변 합 계	원면	계 정 과 목	대 변 합 계	대 변 잔 액
240,000	630,000	1	현금및현금성자산	390,000	
45,000	45,000	2	단 기 금 융 상 품		
80,000	130,000	3	외 상 매 출 금	50,000	
50,000	350,000	4	상 품	300,000	
200,000	200,000	5	건 물		
	80,000	6	외 상 매 입 금	100,000	20,000
	20,000	7	단 기 차 입 금	50,000	30,000
		8	자 본 금	500,000	500,000
		9	상 품 매 출 이 익	80,000	80,000
		10	임 대 료	30,000	30,000
40,000	40,000	11	급 여		
5,000	5,000	12	이 자 비 용		
660,000	1,500,000			1,500,000	660,000

4. 합 계 잔 액 시 산 표

차 변 잔 액	차 변 합 계	원면	계 정 과 목	대 변 합 계	대 변 잔 액
300,000	530,000	1	현 금	230,000	
50,000	400,000	2	당 좌 예 금	350,000	
220,000	820,000	3	외 상 매 출 금	600,000	
160,000	920,000	4	상 품	760,000	
200,000	200,000	5	비 품		
	320,000	6	외 상 매 입 금	420,000	100,000
	130,000	7	지 급 어 음	200,000	70,000
		8	자 본 금	(700,000)	(700,000)
		9	상 품 매 출 이 익	180,000	180,000
		10	수 수 료 수 익	20,000	20,000
80,000	80,000	11	급 여		
15,000	15,000	12	보 험 료		
10,000	10,000	13	임 차 료		
25,000	25,000	14	광 고 선 전 비		
10,000	10,000	15	잡 비		
1,070,000	3,460,000			3,460,000	1,070,000

2. 합 계 시 산 표

차 변	원면	계 정 과 목	대 변
480,000	1	현 금	150,000
260,000	2	외 상 매 출 금	120,000
50,000	3	단 기 대 여 금	
480,000	4	상 품	420,000
50,000	5	비 품	
120,000	6	외 상 매 입 금	230,000
	7	단 기 차 입 금	40,000
	8	자 본 금	(415,000)
	9	상 품 매 출 이 익	70,000
	10	이 자 수 익	15,000
18,000	11	급 여	
2,000	12	임 차 료	
1,460,000			1,460,000

5.

No.	차 변 과 목	금 액	대 변 과 목	금 액
(1)	현 금	1,000,000	단 기 차 입 금	200,000
			자 본 금	800,000
(2)	비 품	150,000	현 금	150,000
(3)	상 품	500,000	현 금	300,000
			외 상 매 입 금	200,000
(4)	외 상 매 출 금	450,000	상 품	300,000
			상 품 매 출 이 익	150,000
(5)	외 상 매 입 금	120,000	현 금	120,000
(6)	단 기 차 입 금	150,000	현 금	160,000
	이 자 비 용	10,000		
(7)	현 금	250,000	외 상 매 출 금	250,000
(8)	현 금	150,000	상 품	100,000
			상 품 매 출 이 익	50,000
(9)	급 여	50,000	현 금	50,000

현　　　　　　　　金 (1)

제 　　　 좌	1,000,000	비 　　　 품	150,000
외 상 매 출 금	250,000	상 　　　 품	300,000
제 　　　 좌	150,000	외 상 매 입 금	120,000
		제 　　　 좌	160,000
		급 　　　 여	50,000

외 　 상 　 매 　 출 　 금 (2)

제 　 좌	450,000	현 　 금	250,000

상 　　　　　　 품 (3)

제 　 좌	500,000	외 상 매 출 금	300,000
		현 　 금	100,000

비 　　　　　　 품 (4)

현 　 금	150,000		

외 　 상 　 매 　 입 　 금 (5)

현 　 금	120,000	상 　 품	200,000

단 　 기 　 차 　 입 　 금 (6)

현 　 금	150,000	현 　 금	200,000

자 　　　 본 　　　 금 (7)

		현 　 금	800,000

상 　 품 　 매 　 출 　 이 　 익 (8)

		외 상 매 출 금	150,000
		현 　 금	50,000

급 　　　　　　 여 (9)

현 　 금	50,000		

이 　 자 　 비 　 용 (10)

현 　 금	10,000		

합 계 잔 액 시 산 표

차 변 잔 액	차 변 합 계	원면	계 정 과 목	대 변 합 계	대 변 잔 액
620,000	1,400,000	1	현 　 금	780,000	
200,000	450,000	2	외 상 매 출 금	250,000	
100,000	500,000	3	상 　 품	400,000	
150,000	150,000	4	비 　 품		
	120,000	5	외 상 매 입 금	200,000	80,000
	150,000	6	단 기 차 입 금	200,000	50,000
		7	자 　 본 　 금	800,000	800,000
		8	상 품 매 출 이 익	200,000	200,000
50,000	50,000	9	급 　 여		
10,000	10,000	10	이 　 자 　 비 　 용		
1,130,000	2,830,000			2,830,000	1,130,000

6.

잔 액 시 산 표

차 변	원면	계 정 과 목	대 변
100,000	1	현 　 금	
175,000	2	외 상 매 출 금	
160,000	3	단 기 대 여 금	
105,000	4	상 　 품	
300,000	5	건 　 물	
	6	외 상 매 입 금	270,000
	7	단 기 차 입 금	192,000
	8	자 　 본 　 금	280,000
	9	상 품 매 출 이 익	295,000
	10	수 　 수 　 료 　 수 　 익	23,000
150,000	11	급 　 여	
45,000	12	보 　 험 　 료	
25,000	13	잡 　 비	
1,060,000			1,060,000

7.

잔 액 시 산 표

차 변	원면	계 정 과 목	대 변
252,000		현 　 금	
240,000		단 기 매 매 증 권	
104,000		외 상 매 출 금	
60,000		상 　 품	
100,000	(생	비 　 품	
		외 상 매 입 금	84,000
		지 　 급 　 어 　 음	50,000
		자 　 본 　 금	(400,000)
		상 품 매 출 이 익	240,000
	략	이 　 자 　 수 　 익	48,000
34,000	)	급 　 여	
10,000		보 　 험 　 료	
20,000		잡 　 비	
2,000		소 　 모 　 품 　 비	
822,000			822,000

06 정 산 표

기본연습문제

1.

정 　 산 　 표

계 정 과 목	잔액시산표 차변	잔액시산표 대변	손익계산서 차변	손익계산서 대변	재무상태표 차변	재무상태표 대변
현 　 금	120,000				(120,000)	
단 기 매 매 증 권	100,000				(100,000)	
외 상 매 출 금	80,000				(80,000)	
단 기 대 여 금	50,000				(50,000)	
상 　 품	150,000				(150,000)	
비 　 품	80,000				(80,000)	
외 상 매 입 금		150,000				(150,000)
단 기 차 입 금		50,000				(50,000)
자 　 본 　 금		300,000				(300,000)
상 품 매 출 이 익		150,000		(150,000)		
급 　 여	40,000		(40,000)			
이 자 비 용	30,000		(30,000)			
당 기 순 이 익			(80,000)			(80,000)
	650,000	650,000	(150,000)	(150,000)	(580,000)	(580,000)

2.

정 산 표

계 정 과 목	잔액시산표		손익계산서		재무상태표	
	차변	대변	차변	대변	차변	대변
현 금	150,000				(150,000)	
단 기 매 매 증 권	100,000				(100,000)	
외 상 매 출 금	120,000				(120,000)	
상 품	230,000				(230,000)	
비 품	50,000				(50,000)	
외 상 매 입 금		70,000				(70,000)
지 급 어 음		80,000				(80,000)
단 기 차 입 금		50,000				(50,000)
자 본 금		(500,000)				(500,000)
상 품 매 출 이 익		100,000		(100,000)		
이 자 수 익		30,000		(30,000)		
급 여	120,000		(120,000)			
임 차 료	30,000		(30,000)			
보 험 료	20,000		(20,000)			
이 자 비 용	10,000		(10,000)			
당 기 순 손 실				(50,000)	(50,000)	
	(830,000)	(830,000)	(180,000)	(180,000)	(700,000)	(700,000)

3.

정 산 표

계 정 과 목	잔액시산표		손익계산서		재무상태표	
	차변	대변	차변	대변	차변	대변
현금및현금성자산	(150,000)				150,000	
단 기 투 자 자 산	200,000				200,000	
매 출 채 권	120,000				120,000	
상 품	80,000				80,000	
매 입 채 무		150,000				150,000
단 기 차 입 금		70,000				70,000
자 본 금		(300,000)				300,000
상 품 매 출 이 익		140,000		140,000		
수 수 료 수 익		20,000		20,000		
급 여	90,000		90,000			
보 험 료	10,000		10,000			
임 차 료	25,000		25,000			
이 자 비 용	5,000		5,000			
당 기 순 이 익			30,000			30,000
	680,000	680,000	160,000	160,000	550,000	550,000

4.

정 산 표

계 정 과 목	잔액시산표		손익계산서		재무상태표	
	차변	대변	차변	대변	차변	대변
현 금	320,000				(320,000)	
단 기 매 매 증 권	(100,000)				(100,000)	
외 상 매 출 금	(200,000)				200,000	
상 품	200,000				(200,000)	
비 품	100,000				(100,000)	
외 상 매 입 금		160,000				(160,000)
지 급 어 음		(80,000)				80,000
단 기 차 입 금		40,000				(40,000)
자 본 금		(535,000)				(535,000)
상 품 매 출 이 익		120,000		(120,000)		
수 수 료 수 익		(30,000)		30,000		
급 여	(15,000)		(15,000)			
임 차 료	(4,000)		4,000			
광 고 선 전 비	6,000		(6,000)			
보 험 료	(15,000)		15,000			
이 자 비 용	5,000		(5,000)			
당 기 순 이 익			(105,000)			(105,000)
	965,000	965,000	(150,000)	(150,000)	920,000	(920,000)

---

07 결 산

1.

상 품 매 출 이 익	
손 익 320,000	××× 320,000

임 대 료	
손 익 80,000	××× 80,000

급 여	
××× 200,000	손 익 200,000

보 험 료	
××× 80,000	손 익 80,000

이 자 비 용	
××× 70,000	손 익 70,000

손 익	
급 여 200,000	상품매출이익 320,000
보험료 80,000	임 대 료 80,000
이자비용 70,000	
자본금 50,000	
400,000	400,000

자 본 금	
	××× 1,000,000
	(손익) (50,000)

No.	구 분	차변과목	금 액	대변과목	금 액
(1)	수익계정 대체분개	상품매출이익	320,000	손 익	400,000
		임 대 료	80,000		
(2)	비용계정 대체분개	손 익	350,000	급 여	200,000
				보 험 료	80,000
				이 자 비 용	70,000
(3)	당기순이익대체분개	손 익	50,000	자 본 금	50,000

2.

상 품 매 출 이 익	
손 익 120,000	120,000

수 수 료 수 익	
손 익 30,000	30,000

급 여	
130,000	손 익 130,000

임 차 료	
27,000	손 익 27,000

광 고 선 전 비	
15,000	손 익 15,000

손 익	
급 여 130,000	상품매출이익 120,000
임차료 27,000	수수료수익 30,000
광고선전비 15,000	자 본 금 22,000
172,000	172,000

자 본 금	
(손익) (22,000)	1,000,000

No.	구 분	차변과목	금 액	대변과목	금 액
(1)	수익계정 대체분개	상품매출이익	120,000	손 익	150,000
		수수료수익	30,000		
(2)	비용계정 대체분개	손 익	172,000	급 여	130,000
				임 차 료	27,000
				광고선전비	15,000
(3)	당기순손실대체분개	자 본 금	22,000	손 익	22,000

3.

상 품 매 출 이 익			
손 익	280,000		280,000

임 대 료			
손 익	20,000		20,000

급 여			
	150,000	손 익	150,000

세 금 과 공 과			
	80,000	손 익	80,000

이 자 비 용			
	30,000	손 익	30,000

손 익			
급 여	150,000	상품매출이익	280,000
세금과공과	80,000	임 대 료	20,000
이자비용	30,000		
자본금	40,000		
	300,000		300,000

자 본 금			
			1,500,000
		(손익)	(40,000)

No.	구 분	차변과목	금 액	대변과목	금 액
(1)	수익계정 대체분개	상품매출이익	280,000	손 익	300,000
		임 대 료	20,000		
(2)	비용계정 대체분개	손 익	260,000	급 여	150,000
				세금과공과	80,000
				이 자 비 용	30,000
(3)	당기순이익대체분개	손 익	40,000	자 본 금	40,000

4.

현 금 (1)			
	380,000		130,000
		차기이월	250,000
	380,000		380,000
전기이월	250,000		

외 상 매 출 금 (2)			
	450,000		320,000
		차기이월	130,000
	450,000		450,000
전기이월	130,000		

상 품 (3)			
	500,000		200,000
		차기이월	300,000
	500,000		500,000
전기이월	300,000		

단 기 차 입 금 (4)			
차기이월	50,000		50,000
		전기이월	50,000

외 상 매 입 금 (5)			
	190,000		300,000
차기이월	110,000		
	300,000		300,000
		전기이월	110,000

자 본 금 (6)			
차기이월	520,000		500,000
		손 익	20,000
	520,000		520,000
		전기이월	520,000

이 월 시 산 표
202×년 12월 31일

차 변	원면	계 정 과 목	대 변
250,000	1	현 금	
130,000	2	외 상 매 출 금	
300,000	3	상 품	
	4	단 기 차 입 금	50,000
	5	외 상 매 입 금	110,000
	6	자 본 금	520,000
680,000			680,000

5.

현 금 (1)			
	750,000		400,000
		차기이월	350,000
	750,000		750,000
전기이월	350,000		

외 상 매 출 금 (2)			
	320,000		200,000
		차기이월	120,000
	320,000		320,000
전기이월	120,000		

단 기 대 여 금 (3)			
	100,000	차기이월	100,000
전기이월	100,000		

상 품 (4)			
	480,000		230,000
		차기이월	250,000
	480,000		480,000
전기이월	250,000		

건 물 (5)			
	80,000	차기이월	80,000
전기이월	80,000		

외 상 매 입 금 (6)			
	170,000		320,000
차기이월	150,000		
	320,000		320,000
		전기이월	150,000

지 급 어 음 (7)			
	150,000		210,000
차기이월	60,000		
	210,000		210,000
		전기이월	60,000

단 기 차 입 금 (8)			
차기이월	150,000		150,000
		전기이월	150,000

자 본 금 (9)			
차기이월	540,000		500,000
		손 익	40,000
	540,000		540,000
		전기이월	540,000

상 품 매 출 이 익 (10)			
손 익	80,000		80,000

임 대 료 (11)			
손 익	15,000		15,000

이 자 수 익 (12)			
손 익	5,000		5,000

급 여 (13)			
	30,000	손 익	30,000

보 험 료 (14)			
	8,000	손 익	8,000

임 차 료 (15)			
	5,000	손 익	5,000

통 신 비 (16)			
	7,000	손 익	7,000

이 자 비 용 (17)			
	10,000	손 익	10,000

손 익 (18)			
급 여	30,000	상품매출이익	80,000
보험료	8,000	임 대 료	15,000
임차료	5,000	이자수익	5,000
통신비	7,000		
이자비용	10,000		
자본금	40,000		
	100,000		100,000

이 월 시 산 표
202×년 12월 31일

차 변	원면	계 정 과 목	대 변
350,000	1	현 금	
120,000	2	외 상 매 출 금	
100,000	3	단 기 대 여 금	
250,000	4	상 품	
80,000	5	건 물	
	6	단 기 차 입 금	150,000
	7	지 급 어 음	60,000
	8	외 상 매 입 금	150,000
	9	자 본 금	540,000
900,000			900,000

구 분	차변과목	금액	대변과목	금액
수익계정 대체분개	상품매출이익	80,000	손 익	100,000
	임 대 료	15,000		
	이 자 수 익	5,000		
비용계정 대체분개	손 익	60,000	급 여	30,000
			보 험 료	8,000
			임 차 료	5,000
			통 신 비	7,000
			이 자 비 용	10,000
당기순이익 대체분개	손 익	40,000	자 본 금	40,000

재 무 상 태 표

파스칼상사 202×년 12월 31일 현재 단위:원

자 산	금 액	부채·자본	금 액
현금및현금성자산	350,000	단 기 차 입 금	150,000
매 출 채 권	120,000	매 입 채 무	210,000
단 기 투 자 자 산	100,000	자 본 금	500,000
상 품	250,000	당 기 순 이 익	40,000
설 비 자 산	80,000		
	900,000		900,000

손 익 계 산 서

파스칼상사 202×년 1월 1일 부터 12월 31일까지 단위:원

비 용	금 액	수 익	금 액
급 여	30,000	상 품 매 출 이 익	80,000
보 험 료	8,000	임 대 료	15,000
임 차 료	5,000	이 자 수 익	5,000
통 신 비	7,000		
이 자 비 용	10,000		
당 기 순 이 익	40,000		
	100,000		100,000

6.

현 금 (1)

125,000	95,000
	차기이월 30,000
125,000	125,000
전기이월 30,000	

단 기 매 매 증 권 (2)

160,000	90,000
	차기이월 70,000
160,000	160,000
전기이월 70,000	

외 상 매 출 금 (3)

92,000	42,000
	차기이월 50,000
92,000	92,000
전기이월 50,000	

상 품 (4)

196,000	132,000
	차기이월 64,000
196,000	196,000
전기이월 64,000	

토 지 (5)

86,000	차기이월 86,000
전기이월 86,000	

단 기 차 입 금 (6)

차기이월 50,000	50,000
	전기이월 50,000

지 급 어 음 (7)

80,000	100,000
차기이월 20,000	
100,000	100,000
	전기이월 20,000

외 상 매 입 금 (8)

60,000	85,000
차기이월 25,000	
85,000	85,000
	전기이월 25,000

자 본 금 (9)

차기이월 205,000	200,000
	손 익 5,000
205,000	205,000

수 수 료 수 익 (11)

손 익 3,000	3,000

급 여 (13)

24,000	손 익 24,000

통 신 비 (15)

4,000	손 익 4,000

임 차 료 (16)

8,000	손 익 8,000

이 자 비 용 (17)

6,000	손 익 6,000

상 품 매 출 이 익 (10)

손 익 45,000	45,000

잡 이 익 (12)

손 익 2,000	2,000

보 험 료 (14)

3,000	손 익 3,000

손 익 (18)

급 여 24,000	상품매출이익 45,000
보 험 료 3,000	수수료수익 3,000
통 신 비 4,000	잡 이 익 2,000
임 차 료 8,000	
이자비용 6,000	
자 본 금 5,000	
50,000	50,000

이 월 시 산 표

202×년 12월 31일

차 변	원면	계 정 과 목	대 변
30,000	1	현 금	
70,000	2	단 기 매 매 증 권	
50,000	3	외 상 매 출 금	
64,000	4	상 품	
86,000	5	토 지	
	6	단 기 차 입 금	50,000
	7	지 급 어 음	20,000
	8	외 상 매 입 금	25,000
	9	자 본 금	205,000
300,000			300,000

구 분	차변과목	금액	대변과목	금액
수익계정 대체분개	상품매출이익	45,000	손 익	50,000
	수수료수익	3,000		
	잡 이 익	2,000		
비용계정 대체분개	손 익	45,000	급 여	24,000
			보 험 료	3,000
			통 신 비	4,000
			임 차 료	8,000
			이 자 비 용	6,000
당기순이익 대체분개	손 익	5,000	자 본 금	5,000

재 무 상 태 표

한공상사 202×년 12월 31일 현재 단위:원

자 산	금 액	부채·자본	금 액
현금및현금성자산	30,000	단 기 차 입 금	50,000
단 기 투 자 자 산	70,000	매 입 채 무	45,000
매 출 채 권	50,000	자 본 금	200,000
상 품	64,000	당 기 순 이 익	5,000
토 지	86,000		
	300,000		300,000

손 익 계 산 서

한공상사	202×년 1월 1일부터 12월 31일까지		단위:원
비 용	금 액	수 익	금 액
급 여	24,000	상품매출이익	45,000
보 험 료	3,000	수 수 료 수 익	3,000
통 신 비	4,000	잡 이 익	2,000
임 차 료	8,000		
이 자 비 용	6,000		
당 기 순 이 익	5,000		
	50,000		50,000

이 월 시 산 표

현 금	350,000	외 상 매 입 금	200,000
외 상 매 출 금	(150,000)	지 급 어 음	(150,000)
상 품	(200,000)	자 본 금	(850,000)
건 물	500,000		
	1,200,000		1,200,000

재 무 상 태 표

현금및현금성자산	(350,000)	매 입 채 무	350,000
매 출 채 권	150,000	자 본 금	(800,000)
상 품	(200,000)	당 기 순 이 익	50,000
설 비 자 산	(500,000)		
	(1,200,000)		(1,200,000)

기출확인문제	(1) ④	(2) ②	(3) ④	(4) ①	(4) ③

08 재무제표의 작성

 **기본연습문제**

1.

재 무 상 태 표

자 산	금 액	부 채 · 자 본	금 액
현금및현금성자산	270,000	단 기 차 입 금	100,000
단 기 투 자 자 산	200,000	매 입 채 무	320,000
매 출 채 권	130,000	자 본 금	500,000
상 품	300,000	당 기 순 이 익	30,000
토 지	50,000		
	950,000		950,000

손 익 계 산 서

비 용	금 액	수 익	금 액
급 여	135,000	상 품 매 출 이 익	150,000
보 험 료	10,000	임 대 료	30,000
임 차 료	20,000	잡 이 익	20,000
이 자 비 용	5,000		
당 기 순 이 익	30,000		
	200,000		200,000

2.

손 익

급 여	65,000	상 품 매 출 이 익	(150,000)
보 험 료	(20,000)	이 자 수 익	(10,000)
광 고 선 전 비	(25,000)		
(자 본 금)	(50,000)		
	(160,000)		(160,000)

손 익 계 산 서

급 여	(65,000)	상 품 매 출 이 익	150,000
보 험 료	20,000	이 자 수 익	(10,000)
광 고 선 전 비	(25,000)		
당 기 순 이 익	50,000		
	(160,000)		160,000

국가직무능력표준(NCS, national competency standards)

직업기초능력평가문제

(1) ④ (2) ① (3) ④ (4) ① (5) ③
(6) ④ (7) ③ (8) ⑤

【해설】

1. 연구원이나 직원의 채용, 주문, 계약, 담보제공 등은 회계상의 거래가 아닌 일상 생활상의 거래이다. 그림에서 승연, 채호, 주호, 유라의 토론내용은 전부 회계상의 거래이다.

2. (가)는 교환거래이고 (나)는 손익거래이다. 보기의 거래를 분석하면 (ㄱ)은 (차) 부채의감소 (대) 자산의감소로 교환거래이고, (ㄴ)은 (차) 비용의 발생 (대) 자산의 감소로 손익거래이며, (ㄷ)은 (차) 부채의 감소, 비용의발생 (대) 자산의 감소로 혼합거래이다.

3. (가) 본사 직원의 자녀 돌잔치 화환구입 건은 복리후생비로 처리하고, (나) 거래처 직원 결혼식 화환구입 건은 접대비로 처리한다.

4. 가. (차) 도서인쇄비   50,000   (대) 현   금   50,000
   나. (차) 접 대 비   100,000   (대) 미지급금   100,000
   다. (차) 세금과공과 1,500,000 (대) 보통예금 1,500,000

5. • 철수 : 상품계정은 자산이므로 차변에 잔액이 생긴다.
   • 지혜 : 세금과공과계정은 비용이므로 차변에 잔액이 생긴다.

6. (가)는 시산표작성으로 추정을 하여야 하고, 시산표는 원장의 합계와 잔액을 집계한 표로서 전기의 정확성 여부를 검증하는 표이다.(ㄱ)은 재무제표작성으로 후절차에 속하고, (ㄷ)은 분개장에 대한 설명이다.

7. (가)는 결산의 본 절차로서 총계정원장의 마감과 분개장과 기타장부의 마감이 속하며, 보기의 (ㄱ)은 결산보고서 작성절차(후절차)이며 (ㄷ)은 예비절차에 속한다.

8. (가)는 수익 계정을 손익계정 대변으로 대체하는 분개이고 (나)는 비용 계정을 손익 계정 차변에 대체하는 분개의 기록이다.

 **부록   1. 분개 문제 150선**

(1) (차) 수수료비용   200,000   (대) 보통예금   200,000
(2) (차) 현   금   350,000   (대) 상   품   700,000
       외상매출금   350,000
(3) (차) 복리후생비   150,000   (대) 보통예금   150,000
(4) (차) 접 대 비   200,000   (대) 보통예금   200,000
(5) (차) 복리후생비   350,000   (대) 현   금   350,000
(6) (차) 보 관 료   150,000   (대) 현   금   150,000
(7) (차) 기 부 금 3,000,000   (대) 현   금 3,000,000
(8) (차) 비   품   300,000   (대) 현   금   335,000
       소 모 품 비   35,000
(9) (차) 이 자 비 용   5,000   (대) 현   금   5,000
(10) (차) 기 부 금 1,000,000   (대) 현   금 1,000,000
(11) (차) 접 대 비   700,000   (대) 미지급금   700,000
(12) (차) 운 반 비   5,000   (대) 현   금   5,000
(13) (차) 세금과공과   570,000   (대) 현   금   570,000
(14) (차) 복리후생비   500,000   (대) 보통예금   500,000
(15) (차) 외상매입금   120,000   (대) 현   금   120,000
(16) (차) 복리후생비 1,000,000   (대) 현   금 1,000,000
(17) (차) 통 신 비   4,000   (대) 현   금   4,000
(18) (차) 현   금   250,000   (대) 외상매출금   250,000
(19) (차) 상   품   508,000   (대) 외상매입금   500,000
                                현   금   8,000
(20) (차) 현   금   20,000   (대) 수수료수익   20,000
(21) (차) 통 신 비   120,000   (대) 현   금   120,000
(22) (차) 보 통 예 금   900,000   (대) 단기차입금   900,000
(23) (차) 세금과공과   50,000   (대) 현   금   50,000
(24) (차) 보 험 료   600,000   (대) 보통예금   600,000
(25) (차) 자 본 금 1,500,000   (대) 현   금 1,500,000
(26) (차) 잡 손 실   620,000   (대) 현   금   620,000
(27) (차) 현   금   200,000   (대) 당 좌 예 금   200,000
(28) (차) 자 본 금   500,000   (대) 현   금   500,000
(29) (차) 수수료비용   300,000   (대) 보통예금   300,000
(30) (차) 비   품 2,500,000   (대) 미지급금 2,500,000
(31) (차) 현   금   5,000   (대) 이 자 수 익   5,000
(32) (차) 광고선전비 5,000,000   (대) 당 좌 예 금 5,000,000
(33) (차) 단기차입금   500,000   (대) 보 통 예 금   520,000
       이 자 비 용   20,000
(34) (차) 차량유지비   100,000   (대) 현   금   100,000
(35) (차) 교육훈련비 1,000,000   (대) 현   금 1,000,000
(36) (차) 외상매출금   500,000   (대) 상   품   380,000
       운 반 비   20,000   상품매출이익   120,000
                                현   금   20,000
(37) (차) 접 대 비   20,000   (대) 현   금   20,000
(38) (차) 수도광열비   120,000   (대) 현   금   120,000
(39) (차) 기 계 장 치 1,500,000   (대) 현   금 1,000,000
                                미 지 급 금   500,000
(40) (차) 현   금   20,000   (대) 잡 이 익   20,000
(41) (차) 소 모 품 비   10,000   (대) 현   금   10,000
(42) (차) 현   금   253,000   (대) 단기대여금   250,000
                                이 자 수 익   3,000
(43) (차) 외상매입금   150,000   (대) 당 좌 예 금   150,000
(44) (차) 교육훈련비   200,000   (대) 현   금   200,000
(45) (차) 상   품   200,000   (대) 현   금   200,000
(46)   분 개 없 음
(47) (차) 비   품   500,000   (대) 현   금   500,000
(48) (차) 상   품   600,000   (대) 당 좌 예 금   400,000
                                지 급 어 음   200,000
(49) (차) 단 기 대 여 금   150,000   (대) 현   금   150,000
(50) (차) 받 을 어 음   500,000   (대) 상   품   300,000
                                상품매출이익   200,000
(51) (차) 당 좌 예 금 4,500,000   (대) 선 수 금 4,500,000
(52) (차) 외상매입금   200,000   (대) 지 급 어 음   200,000
(53) (차) 선급보험료   240,000   (대) 현   금   240,000
(54) (차) 정 기 예 금   800,000   (대) 현   금   800,000
(55) (차) 현   금   150,000   (대) 상   품   200,000
       상품매출손실   50,000
(56) (차) 단기매매증권   500,000   (대) 당 좌 예 금   500,000
(57) (차) 통 신 비   125,000   (대) 현   금   125,000
(58) (차) 선 급 금   200,000   (대) 현   금   200,000
(59) (차) 토   지 5,000,000   (대) 현   금 5,000,000
(60) (차) 현   금   150,000   (대) 임 대 료   150,000

(61) (차) 보 통 예 금 300,000 (대) 현 금 300,000

(62) (차) 미 수 금 200,000 (대) 비 품 200,000

(63) (차) 광 고 선 전 비 40,000 (대) 현 금 40,000
▶ 인쇄목적이 광고용이므로 '도서인쇄비'로 처리하면 오답.

(64) (차) 분 개 없 음

(65) (차) 여 비 교 통 비 15,000 (대) 현 금 15,000

(66) (차) 현 금 3,000,000 (대) 외상매출금 8,000,000
　　　 보 통 예 금 5,000,000

(67) (차) 미 지 급 금 230,000 (대) 현 금 230,000

(68) (차) 차 량 유 지 비 600,000 (대) 미 지 급 금 600,000

(69) (차) 기 부 금 1,000,000 (대) 현 금 1,000,000

(70) (차) 비 품 730,000 (대) 현 금 730,000

(71) (차) 현 금 800,000 (대) 자 본 금 800,000

(72) (차) 현 금 100,000 (대) 잡 이 익 100,000

(73) (차) 현 금 320,000 (대) 상 품 380,000
　　　 당 좌 예 금 200,000 　　　 상품매출이익 140,000

(74) (차) 도 서 인 쇄 비 20,000 (대) 현 금 20,000

(75) (차) 복 리 후 생 비 100,000 (대) 현 금 100,000

(76) (차) 현 금 1,000,000 (대) 상 품 2,400,000
　　　 외 상 매 출 금 2,000,000 　　　 상품매출이익 600,000

(77) (차) 보 험 료 500,000 (대) 현 금 500,000

(78) (차) 보 통 예 금 500,000 (대) 단 기 차 입 금 500,000

(79) (차) 자 본 금 50,000 (대) 상 품 50,000

(80) (차) 장 기 대 여 금 1,000,000 (대) 현 금 1,000,000

(81) (차) 미 수 금 230,000 (대) 비 품 230,000

(82) (차) 현 금 2,000,000 (대) 단 기 차 입 금 500,000
　　　 건 물 3,000,000 　　　 자 본 금 4,500,000

(83) (차) 외 상 매 입 금 300,000 (대) 현 금 300,000

(84) (차) 자 본 금 50,000 (대) 현 금 50,000

(85) (차) 통 신 비 120,500 (대) 보 통 예 금 120,500

(86) (차) 세 금 과 공 과 260,000 (대) 미 수 금 260,000

(87) (차) 접 대 비 150,000 (대) 미 지 급 금 150,000

(88) (차) 단 기 매 매 증 권 500,000 (대) 현 금 500,000

(89) (차) 당 좌 예 금 2,000,000 (대) 현 금 2,000,000

(90) (차) 건 물 3,000,000 (대) 현 금 3,000,000

(91) (차) 상 품 100,000 (대) 외 상 매 입 금 100,000

(92) (차) 복 리 후 생 비 50,000 (대) 접 대 비 50,000

(93) (차) 단 기 대 여 금 750,000 (대) 당 좌 예 금 750,000

(94) (차) 도 서 인 쇄 비 50,000 (대) 현 금 50,000

(95) (차) 현 금 300,000 (대) 외 상 매 출 금 300,000

(96) (차) 임 차 료 420,000 (대) 현 금 420,000

(97) (차) 현 금 300,000 (대) 당 좌 예 금 300,000

(98) (차) 현 금 50,000 (대) 선 수 금 50,000

(99) (차) 분 개 없 음

(100) (차) 복 리 후 생 비 500,000 (대) 미 지 급 금 700,000
　　　 접 대 비 200,000

(101) (차) 복 리 후 생 비 50,000 (대) 현 금 50,000

(102) (차) 복 리 후 생 비 300,000 (대) 현 금 300,000

(103) (차) 현 금 1,000,000 (대) 단 기 차 입 금 200,000
　　　 자 본 금 800,000

(104) (차) 임 차 료 1,500,000 (대) 보 통 예 금 1,500,000

(105) (차) 복 리 후 생 비 100,000 (대) 현 금 100,000

(106) (차) 임 차 료 200,000 (대) 현 금 200,000

(107) (차) 접 대 비 250,000 (대) 현 금 250,000

(108) (차) 접 대 비 50,000 (대) 현 금 50,000

(109) (차) 접 대 비 100,000 (대) 현 금 100,000

(110) (차) 광 고 선 전 비 80,000 (대) 현 금 80,000

(111) (차) 광 고 선 전 비 150,000 (대) 현 금 150,000

(112) (차) 차 량 유 지 비 30,000 (대) 현 금 30,000

(113) (차) 차 량 유 지 비 5,000 (대) 현 금 5,000

(114) (차) 접 대 비 100,000 (대) 현 금 100,000

(115) (차) 기 부 금 500,000 (대) 현 금 500,000

(116) (차) 소 모 품 비 9,000 (대) 현 금 9,000

(117) (차) 잡 비 10,000 (대) 현 금 10,000

(118) (차) 기 부 금 200,000 (대) 현 금 200,000

(119) (차) 복 리 후 생 비 300,000 (대) 현 금 300,000

(120) (차) 비 품 1,000,000 (대) 당 좌 예 금 300,000
　　　 미 지 급 금 700,000

(121) (차) 수 도 광 열 비 57,560 (대) 보 통 예 금 57,560

(122) (차) 복 리 후 생 비 250,000 (대) 현 금 250,000

(123) (차) 접 대 비 50,000 (대) 현 금 50,000

(124) (차) 분 개 없 음

(125) (차) 차 량 운 반 구 8,000,000 (대) 현 금 2,000,000
　　　 미 지 급 금 6,000,000

(126) (차) 손 익 100,000 (대) 자 본 금 100,000

(127) (차) 현 금 10,000 (대) 잡 이 익 10,000

(128) (차) 소 프 트 웨 어 2,700,000 (대) 미 지 급 금 2,700,000

(129) (차) 세 금 과 공 과 40,000 (대) 현 금 40,000

(130) (차) 수 수 료 비 용 120,000 (대) 현 금 120,000

(131) (차) 외 상 매 입 금 80,000 (대) 보 통 예 금 81,000
　　　 수 수 료 비 용 1,000

(132) (차) 현 금 2,000,000 (대) 상 품 5,000,000
　　　 외 상 매 입 금 3,000,000

(133) (차) 보 통 예 금 6,800,000 (대) 단 기 차 입 금 7,000,000
　　　 이 자 비 용 200,000

(134) (차) 보 통 예 금 10,000,000 (대) 장 기 차 입 금 10,000,000

(135) (차) 기 부 금 3,000,000 (대) 현 금 3,000,000

(136) (차) 미 지 급 금 520,000 (대) 보 통 예 금 520,000

(137) (차) 단 기 대 여 금 1,000,000 (대) 현 금 1,000,000

(138) (차) 보 통 예 금 3,000,000 (대) 외 상 매 출 금 3,000,000

(139) (차) 단 기 대 여 금 3,000,000 (대) 외 상 매 출 금 3,000,000

(140) (차) 임 차 료 1,500,000 (대) 현 금 1,500,000

(141) (차) 급 여 250,000 (대) 현 금 250,000
▶ (141)번은 '잡급'으로 처리할 수도 있다.

(142) (차) 기 부 금 2,000,000 (대) 현 금 2,000,000

(143) (차) 차 량 유 지 비 150,000 (대) 현 금 150,000

(144) (차) 인 출 금 600,000 (대) 현 금 600,000

(145) (차) 복 리 후 생 비 100,000 (대) 보 통 예 금 200,000
　　　 접 대 비 100,000

(146) (차) 복 리 후 생 비 600,000 (대) 미 지 급 금 1,000,000
　　　 접 대 비 400,000

(147) (차) 운 반 비 30,000 (대) 현 금 30,000

(148) (차) 광 고 선 전 비 500,000 (대) 현 금 500,000

(149) (차) 기 부 금 200,000 (대) 현 금 200,000

(150) (차) 광 고 선 전 비 600,000 (대) 미 지 급 금 600,000

부록 2. 전표회계

1.

입 금 전 표	
단기차입금	500,000

입 금 전 표	
외상매출금	800,000

입 금 전 표	
임 대 료	100,000

출 금 전 표	
보 험 료	120,000

출 금 전 표	
외상매입금	200,000

출 금 전 표	
수도광열비	50,000

대 체 전 표		
비 품 200,000	미지급금 200,000	

대 체 전 표		
상 품 300,000	외상매입금 300,000	

대 체 전 표		
외상매입금 150,000	당좌예금 150,000	

대 체 전 표		
당좌예금 60,000	이자수익 60,000	

출 금 전 표	
상 품	100,000

대 체 전 표		
상 품 200,000	외상매입금 200,000	

2.

대 체 전 표		
비 품 500,000	미지급금 500,000	

출 금 전 표	
통 신 비	30,000

입 금 전 표	
이 자 수 익	40,000

입 금 전 표	
외상매출금	250,000

대 체 전 표		
상 품 200,000	외상매입금 200,000	

출 금 전 표	
외상매입금	300,000

대 체 전 표		
외상매입금 200,000	당좌예금 200,000	

입 금 전 표	
상 품	100,000

대 체 전 표		
외상매출금 160,000	상 품 160,000	

대 체 전 표		
당좌예금 100,000	외상매출금 100,000	

부록 3. 한국세무사회 대비

1. ①	2. ③	3. ①	4. ③	5. ①
6. ④	7. ③	8. ②	9. ④	10. ④
11. ③	12. ④	13. ③	14. ②	15. ②
16. ②	17. ①	18. ②	19. ④	20. ④
21. ④	22. ①	23. ②	24. ④	25. ②
26. ④	27. ①	28. ②	29. ②	30. ④
31. ③	32. ④	33. ②	34. ③	35. ①

【 해설 】

1. 재무상태는 자산·부채·자본에 속하는 것이므로 비용과 수익은 경영성과 이므로 제외된다.

2. 기업의 순자산으로서 소유주의 잔여청구권은 자본이다.

3. 상품+보통예금+외상매출금−자본금−외상매입금−장기차입금

4. • 기말자본(900,000원) = 기말자산(1,500,000원)−기말부채 (600,000원)
   • 총수익(400,000원)−총비용(350,000원) = 당기순이익(50,000원)
   • 기초자본 : 기말자본−당기순이익 = 850,000원

6. • 정상적인 영업활동(일반적인 상거래)에서 발생한 판매대금의 미수액 : 외상매출금
   • 유형자산을 처분하고 대금을 미회수했을 경우 : 미수금
   • 수익 중 차기 이후에 속하는 금액이지만 그 대가를 미리 받은 경우 : 선수수익

10. 급여 지급 시 전월에 원천징수한 근로소득세는 예수금 계정 대변으로 처리하였다가 납부 시 차변에 기록한다.

11. 이월시산표에 기입할 수 있는 계정과목은 자산, 부채, 자본 계정이다.

12. 보기1번과 2번은 회계상의 거래에만 속하고, 보기3번은 일상 생활상의 거래이다.

14. 분개를 추정하면 (차) 현금 500,000 (대) 받을어음 500,000 이다.

15. 비품을 구입하고 신용카드로 결제하는 경우 차변에 자산의 증가(비품), 대변에 부채의 증가(미지급금)라는 거래를 발생 시키므로 자산이 감소하는 거래는 발생하지 않는다.

17. 현금및현금성자산은 자기앞수표 + 당좌예금 = 350,000이다.

18. 예비절차는 시산표작성, 재고조사표작성, 결산정리, 정산표작성이다.

19. 보기를 분개하면 1번 : (차) 외상매입금 (대) 현금, 2번 : (차) 외상매입금 (대) 지급어음, 3번 : (차) 인출금 (대) 현금, 4번 : (차) 이자비용 (대) 현금으로, 보기 1, 2, 3번은 교환거래로서 재무상태와 관련이 있고, 4번은 손익거래이므로 경영성과에 영향을 미친다.

20. 수익과 비용은 임시계정으로서 가장 먼저 마감된다.

21. 부채의 증가 : 대변, 자본의 감소 : 차변, 수익의 발생 : 대변

22. 보기1번은 화재로 인해 상품의 일부가 파손되었기 때문에 자산에 변동이 생겨 이는 회계상의 거래에 해당한다.

23. 기말자본−기초자본=순손익이고 문제에서의 보기2번 등식은 아무런 개념이 없는 등식이다.

24. 잔액시산표 등식에 따라 기말자산과 총비용은 차변에 기말부채, 기초자본, 총수익은 대변에 잔액을 기재한다.

25. 미지급금은 부채계정으로 상품매출과 직접적인 관련이 없다.

26. 보통예금의 결산이자는 이자수익으로 당기순이익을 증가시킨다. 나머지는 비용의 발생으로 당기순이익을 감소시킨다.

27. 토지의 구입은 자산의 증가, 토지의 구입시 취득세는 토지 구입대금에 포함하므로 자산의 증가, 당좌수표를 발행하여 지급한 것은 당좌예금이라는 자산의 감소가 발생한다.

28. 박스 안의 내용은 유형자산에 대한 설명이다. 회사가 판매를 위하여 보유하고 있는 자산은 재고자산(상품)이다.

29. 거래처 방문 시 선물대금은 접대비로 처리한다.

30. (가)는 결산보고서 작성절차이므로 재무상태표와 손익계산서 작성이 속한다.

31. 회계정보의 내부이용자는 경영자와 종업원이다.

32. 회계기간은 손익계산서에 포함되어야 하는 사항이며, 재무상태표에는 보고기간종료일이 표시되어야 한다.

33. 재무제표의 종류는 재무상태표, 손익계산서, 현금흐름표, 자본변동표, 주석이 있으며, 일정 기간 동안의 기업의 경영성과(수익, 비용, 이익)에 대한 정보를 제공하는 보고서는 손익계산서이다.

34.

재 무 상 태 표

미 수 금	550,000	단 기 차 입 금	(480,000)
외 상 매 출 금	250,000	미 지 급 비 용	150,000
선 급 금	130,000	자 본 금	300,000
	930,000		930,000

35. 현금, 보통예금, 당좌예금은 '현금및현금성자산', 받을어음은 '매출채권', 단기매매증권과 단기대여금은 '단기투자자산'으로 표시한다. 150,000원 + 180,000원 = 330,000원

부록 4. 한국공인회계사회 대비

1. ③	2. ①	3. ③	4. ③	5. ④
6. ②	7. ④	8. ①	9. ①	10. ③
11. ①	12. ③	13. ①	14. ③	15. ④
16. ④	17. ③	18. ①	19. ②	20. ③
21. ②	22. ④	23. ④	24. ④	25. ④
26. ①	27. ③	28. ④	29. ②	30. ③

【 해설 】

1. 경영자는 내부 회계 정보 이용자에 속한다.

2. 박스 안의 내용은 부채에 대한 설명으로 차입금이 부채에 속한다.

4. 사무실의 임차계약, 차량 구입을 위한 주문서 발송, 상품을 창고에 보관하는 것은 회계상의 거래가 될 수 없고, 현금을 도난당하면 (차) 잡손실 (비용의 발생) (대) 현금(자산의 감소)로 회계 처리를 해야 한다.

5. 거래의 8요소 결합 관계는 같은 변 요소끼리는 결합될 수 없다. 즉 자산의 증가와 부채의 감소는 같은 차변 요소들이다.

6. 거래를 분개 시 차변의 보통예금은 자산의 증가이고, 대변의 대여금은 자산의 감소에 해당한다.

7. 보기의 결합 관계를 분석하면 1번 : (차) 자산의 증가 (대) 부채의 증가, 2번 : (차) 부채의 감소 (대) 자산의 감소, 3번 : (차) 자산의 증가 (대) 자본의 증가, 4번 : (대) 자산의 증가 (대) 자산의 감소이다.

8. 경영자는 기업실체 외부의 이해관계자에게 재무제표를 작성하고 보고할 일차적인 책임을 진다.

9. (가)의 결합 관계는 (차) 부채의 감소 (대) 자산의 감소이고, (나)는 (차) 비용의 발생 (대) 부채의 증가이다.

10. 전화료와 인터넷 사용료는 통신비로 처리한다.

11. 거래처에 증정할 선물 구입비는 접대비로 처리한다.

12. 분개누락, 이중분개, 금액오류, 전기오류 등은 시산표 작성을 통해 발견할 수 없는 오류이고, 시산표 작성은 결산의 예비절차이다.

13. 업무용 비품을 처분하고 대금을 1개월 후에 받게 되는 경우는 차변에 미수금으로 처리한다.

14. 종업원의 직무설계와 업무배치에 필요한 정보는 재무회계의 목적이 아니다.

15. 연말연시에 불우이웃돕기 성금이나 소년·소녀 가장에게 장학금을 지급하는 금액 또는 천재지변(지진, 홍수, 태풍 등)으로 발생한 이재민 돕기 성금 등은 기부금으로 처리한다.

16. 신입사원의 채용이나 상품가격의 상승, 건물의 담보제공 등은 회계상의 거래가 아니다.

17. 외상매출금, 선급금은 유동자산이다.

18. 유형자산을 처분하기로 하고 계약금을 받을 경우 선수금 계정으로 회계처리한다. 단, 토지와 건물 등을 구입하기로 하고 계약금을 지급하면 건설중인자산 계정 차변에 기록한다. (그 이유는 토지와 건물 같은 비유동자산의 구입은 고정적인 성격이므로 유동자산으로 분류되는 선급금 계정으로 하면 오답이다. 선급금은 상품을 매입하기로 하고 계약금을 지급한 경우이다.)

19. 업무용 승용차의 유지관리에 소요되는 비용(보험료, 자동차세금 제외)은 차량유지비로 처리한다.

20. 차변에 자산(예금)이 증가하고 대변에 수익(이자)이 발생한다.

21. 상품 매입과 관련된 제비용은 원가에 포함해야 한다.

22. 직원들의 휴대폰요금 납부액은 통신비로 처리한다.

23. 가구도매업에서는 책상과 의자는 판매용 상품이므로 외상대금은 미수금이 아닌 외상매출금으로 처리한다.

24. 재고자산인 상품 거래(도소매) 이외의 거래에서 발생한 채권은 미수금으로 처리한다.

25. 직원들을 위한 간식비(또는 야근식대)는 복리후생비로 처리한다.

26. 사무실 전화요금은 통신비로 처리한다.

27. 매출액은 손익계산서에서 제공하는 정보이다

28. 직원의 결혼식 등 경조 관련 지출은 복리후생비로 처리한다.

29. (차) 기계장치 1,000,000 (대) 현금 400,000, 미지급금 600,000

30. 본사 건물에 대한 재산세는 세금과공과로 처리한다.